KARIBIK

WOHNKULTUR UND LEBENSSTIL IN DER KARIBIK

SUZANNE SLESIN & STAFFORD CLIFF,
JACK BERTHELOT, MARTINE GAUMÉ,
DANIEL ROZENSZTROCH
FOTOS VON GILLES DE CHABANEIX
VORWORT VON JAN MORRIS

DUMONT BUCHVERLAG KÖLN

FÜR NIUTA UND ROY TITUS,
ROSANNE UND BRENTON CLIFF,
CHRISTIANE, PASCAL, ANOUCK UND SOPHIE BERTHELOT,
PHILIPPE BARRIÈRE,
SONIA UND NATHAN ROZENSZTROCH
UND CHATHÉRINE, MARTIN UND SIMON DE CHABANEIX

Die Deutsche Bibliothek – CIP-Einheitsaufnahme
Wohnkultur und Lebensstil in der Karibik / Suzanne Slesin ...
Fotogr. von Gilles de Chabaneix. Vorw. von Jan Morris.
[Aus dem Amerikan. von Beate Felten]. – Köln: DuMont, 1992
Einheitssacht.: Caribbean style <dt.>
ISBN 3-7701-2831-1
NE: Slesin, Suzanne; Chabaneix, Gilles de; EST

Titel der amerikanischen Originalausgabe:
Caribbean Style, Clarkson N. Potter, Inc.,
New York

Aus dem Amerikanischen von Beate Felten
Satz der deutschen Ausgabe:
Fotosatz Harten, Köln
Printed in Japan
ISBN 3-7701-2831-1

DANKSAGUNG

Jack Berthelot und sein Interesse an den architektonischen Traditionen der Karibik bildete den Ausgangspunkt für dieses Buch. Berthelot, Architekt in Pointe-à-Pitre auf Guadeloupe, verfaßte gemeinsam mit seiner Kollegin Martine Gaumé 1982 das Buch „Kaz Antiyé: Jan Moun Ka Rété“ (Das volkstümliche karibische Haus), das im Verlag „Editions Perspectives Créoles“ erschien.

Als das Buch im selben Jahr als Katalog zu einer Ausstellung im Centre National d'Art et de Culture Georges Pompidou in Paris erschien, lud Berthelot den französischen Journalisten Daniel Rozensztroch und den Fotografen Gilles de Chabaneix ein, mit ihm die Kleinen Antillen zu bereisen und diese Reise zu dokumentieren. Zu den Inseln, die sie im Sommer 1983 besuchten, gehörten unter anderem Guadeloupe, Marie-Galante, Les Saintes, Martinique, Barbados sowie Antigua, Nevis und Montserrat.

Im September tat sich diese Gruppe dann mit Suzanne Slesin aus New York und Stafford Cliff aus London zusammen, um gemeinsam mit ihnen dieses Buch zu gestalten, und man beschloß, die Reiseroute auch auf einige Inseln der Großen Antillen auszudehnen. Eine zweite Reise im Frühjahr 1984 führte die Autoren nach Jamaika, Haiti und Puerto Rico sowie zu der kleinen Antillen-Insel Saint-Barthélemy.

Unglücklicherweise kam Jack Berthelot im Juli 1984 auf Guadeloupe durch einen tragischen Verkehrsunfall ums Leben. Sein Wissen und sein Engagement haben dieses Buch, dessen Erscheinen er nicht mehr erleben konnte, entscheidend geprägt – und wir hoffen, daß es seinen Vorstellungen entspricht.

Besonders dankbar sind wir all denen, die es uns gestatteten, ihre Häuser zu fotografieren, obwohl diese Bitte für die Bewohner und Besitzer der Häuser völlig unerwartet kam, da wir uns nicht immer vorher anmelden konnten. Unser Dank gilt des weiteren:

Luce Eeckman für die umfangreichen Vorarbeiten;

Jill Sheppard, Franklin Margretson und den übrigen Mitarbeitern der Caribbean Conservation Association, die uns auf allen Inseln hilfreich zur Seite standen;

den Mitarbeitern der Association Guadeloupienne pour la Sauvegarde de l'Architecture dans la Caraïbe, die uns bei unserem Projekt unterstützten und ermutigten;

Jan Morris für das Vorwort, Michael Steinberg für die Übersetzung der Einleitung, Max le Superbe für die Anfertigung der Architekturzeichnungen und Ian Hammond für die Anfertigung der Karten.

Danken möchten wir auch: Howard Angione, Antoine Bootz, Terri Cafaro, den Campaign Colour Laboratories, Nigel Clayton, Eryc Eclinval, Leyland Gomez, Jean-Paul Hervieu, Obelin Jolicoeur, dem Laboratoire Dupon, Yannick und Philippe Lahens, Danièlle Letellier, Richard Lupinacci, Frances Murray, Desmond Nicholson, der Panda Photographic, Andrew Pettit, Jane Rosen, Paula Semelmacher, Inda Schaenen, John Scott, Kathe Telingator, Ed Vivero, Helen Walker und Françoise Winter;

unserer Agentin Lucie Kroll sowie unserem Verleger und den Mitarbeitern von Clarkson N. Potter, unter anderem Alan Mirken, Bruce Harris, Carol Southern, Michael Fragnito, Gael Dillon, Lynne Arany, Teresa Nicholas, Robin Feldman, Harvey-Jane Kowal sowie vor allem unserer Lektorin Nancy Novogrod.

Suzanne Slesin, New York; Stafford Cliff, London; Martine Gaumé, Pointe-à-Pitre; Daniel Rozensztroch, Paris; Gilles de Chabaneix, Paris
Februar 1985

INHALT

VORWORT

JAN MORRIS

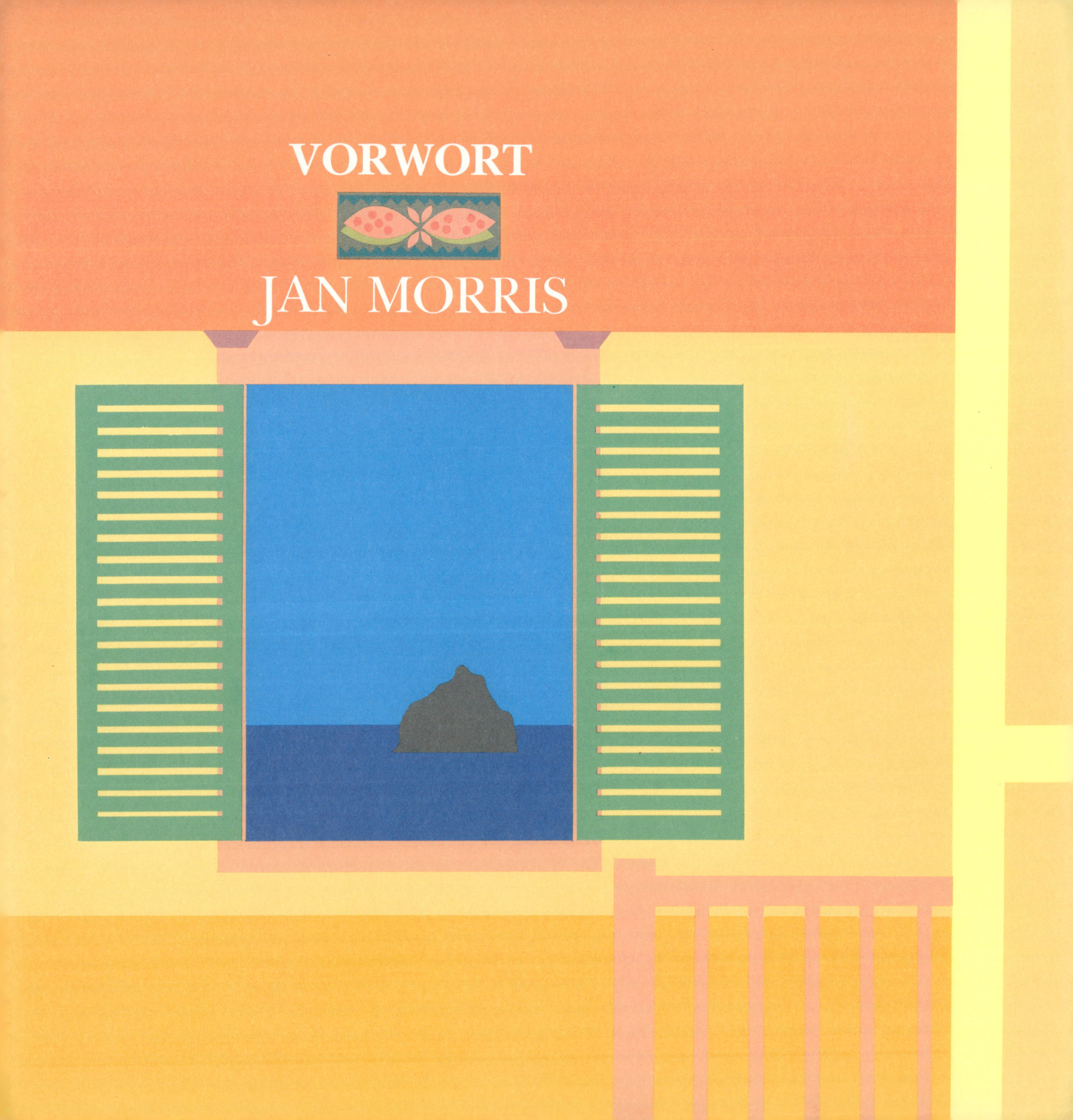

Auf den ersten Blick mag es widersprüchlich erscheinen, von *einer* Wohnkultur und *einem* Lebensstil in der Karibik zu sprechen; denn wie hätte sich auf den zahlreichen Inseln, die über Hunderte von Kilometern im Meer verstreut sind und die weder über eine gemeinsame Sprache, Kultur und Geschichte noch über geologische Gemeinsamkeiten verfügen, ein einziger einheitlicher Stil entwickeln sollen?

In der Karibik finden sich spitze Vulkaninseln neben flachen Koralleninseln; einige sind dem Atlantik und seinen wilden Stürmen ausgesetzt, andere liegen windgeschützt in Buchten des Karibischen Meeres. Und schließlich haben die Inseln im Lauf der Jahrhunderte unter der Herrschaft verschiedener Völker gestanden: Franzosen, Spanier, Engländer, Holländer, Dänen und Nordamerikaner haben auf ihnen regiert und ihre Spuren hinterlassen. Einige Inseln wechselten so häufig von einer Nation zur anderen, daß zum Beispiel die ursprüngliche Herkunft eines Baustils häufig nicht mehr eindeutig zu bestimmen ist. Auch unter den Sklaven, die auf den Inseln die Bevölkerungsmehrheit stellen, haben sich im Laufe der Generationen eine Vielzahl ethnischer und kultureller Merkmale und Anlagen ausgebildet – von den hohen Wangenknochen der Kariben, der indianischen Urbevölkerung, bis hin zum aristokratischen Gestus der ehemaligen europäischen Eroberer –, in denen die unterschiedlichsten Einflüsse untrennbar miteinander verschmolzen sind.

Was soll man sich also unter einem Stil der Karibik vorstellen? Wenn man sich eingehender mit dieser Frage beschäftigt, erkennt man allerdings, daß verschiedene stilbildende Einflüsse für die gesamte Karibik gelten; dies gilt vor allem im Hinblick auf das Klima.

Wenn sie an die Karibik denken, stellen sich die meisten Menschen unwillkürlich tropische Gewässer vor, träumen sie von einer brennenden Sonne, die das Wasser wärmt und die Strände in gleißendes Licht taucht. Oder sie hören in Gedanken die Passatwinde in den Palmen rauschen und spüren die feuchte Wärme, die für das Wachstum der Kokosnüsse, des Zuckerrohrs und der Papayafrucht, die hier Pawpaw heißt, notwendig ist. Doch das Klima der Karibik ist mehr als eine Art Gottesgeschenk oder ein Phänomen, das den landschaftlichen Charakter der Inseln prägt. Mehr als jedes andere Klima, das ich kenne, ist dieses Klima zugleich auch ein eigenständiges ästhetisches Element von großer sinnlicher Kraft, das an ein Kunstwerk voller emotionaler Anspielungen und Ideen erinnert.

Die gefürchteten Stürme, die durch die großen Palmen peitschen und die struppigen Grasflächen mit Regen überschwemmen, ähneln den plötzlichen Temperamentsausbrüchen eines heißblütigen Menschen. Sie sind ebenso heftig und vergänglich wie diese emotionalen Stürme, doch die entspannte Ruhe, die ihnen unweigerlich folgt, wenn die feuchten Blätter in der Sonne dampfen, läßt die Erde beinahe wohlig „schnurren". In diesen Momenten wirkt die Natur wie ein Bild der Vergebung und Versöhnung. Der blaue Himmel ist meist mit zarten Wolken betupft, doch manchmal ballen sich dort auch drohende Sturmwolken zusammen. In seiner berückenden Vielfalt ist dieser Himmel einzigartig, und er läßt seinen Betrachter oft auf bestürzende Weise an die Unendlichkeit denken.

Dieses metereologische Kunstwerk hat natürlich unweigerlich auch die Lebensart und den Architektur-Stil der

Karibik geprägt. Dies zeigt sich nicht nur in Veranden und ausladenden Dächern oder in sonnen- und luftdurchfluteten Häusern, sondern auch auf viel subtilere Weise: Das Klima hat einen Stil hervorgebracht, den man als eine Art geniales „non far niente" bezeichnen könnte und der beinahe fatalistische Züge aufweist. Diese Haltung ist in den meisten karibischen Arrangements erkennbar, gleich ob schlicht oder prächtig. Und so vermitteln auf diesen Inseln sowohl die Gebäude als auch die Gegenstände des täglichen Gebrauchs auf schwer erklärliche Weise den Eindruck, als wollten sie von der Vergänglichkeit des Lebens zeugen, als wollten sie daran erinnern, daß sich auch die stärksten Stürme wieder legen werden.

Es gibt tatsächlich einen typischen Stil der Karibik. Auf den Inseln werden etliche kleine und große Gegenstände aus wunderschönen Materialien hergestellt, warmen, leichten und angenehm weichen tropischen Naturstoffen. Rosafarbene Korallen, sonnen- und windgebleichte Schiffsplanken, das herrliche Teakholz aus den Wäldern des Festlandes oder altes Silber längst vergangener Kulturen zählen zu den verwendeten Materialien. Gegenstände aus Palmwedeln, Federn und buntgefärbter Baumwolle erinnern an Seile aus den Häfen, Rattan aus den Waldgebieten oder Bimsstein aus erstarrtem Vulkangestein zählen zu den Rohstoffen neuer Schöpfungen von großer Originalität.

Man findet diese Materialien zwar nicht ausschließlich auf den Inseln der Karibik – auch wenn sie im Grunde aus den Gewässern des Karibischen Meeres kommen, wenn nicht organisch hier gewachsen, so doch als Treibgut der Geschichte –, aber nur hier werden sie zu derart faszinierenden und farbenfrohen Verbindungen umgestaltet. Die Mischung ist vielleicht nicht immer harmonisch, vielleicht auch nicht immer schön, doch sie bildet stets eine deutlich erkennbare stilistische Einheit.

Natürlich gibt es auch einen zweckorientierten, praktischen Stil. Es steht außer Frage, daß die besonderen Lebensbedingungen der Karibik im allgemeinen sehr inspirierend auf die Inselbewohner gewirkt haben. Abgesehen von den indianischen Ureinwohnern, den Kariben, von denen heutzutage allerdings kaum mehr als eine Art symbolische Präsenz zu spüren ist, kamen die späteren Bewohner der Inseln in diese Weltgegend, weil sie nach Macht und Reichtum strebten; oder sie wurden mit Gewalt hierher verschleppt. Die Inseln wurden niemals von Missionaren oder Pilgervätern besiedelt, und auch in späteren Zeiten verschlug es keine Flüchtlinge auf sie, die staatlicher oder kirchlicher Verfolgung zu entkommen suchten. Nicht Idealisten also, sondern Sklaven, Sklavenhalter und Menschen, die von Profitgier getrieben wurden, prägten die Gesellschaftsstruktur und den Lebensstil der Karibik.

Vor diesem geschichtlichen Hintergrund erklärt sich das eigentümliche Flair der gesamten Region, das gleichzeitig sowohl von großem Luxus als auch von asketischer Schlichtheit und Nüchternheit geprägt ist. Einerseits findet man auf den Inseln Zeugnisse der imposanten Prachtentfaltung von Plantagenbesitzern, Städtern und reichen Müßiggängern aus aller Herren Länder – wenngleich dieser Stil nie ganz den Eindruck abstreifen kann, er spiegele den Geschmack von Neureichen, wie herrlich und geschmackvoll die Artefakte im einzelnen auch sein mögen; und andererseits trifft man auf den schlichten, einfachen, oft provisorischen Stil der armen Bevölkerungsschichten.

Dennoch sind beide Elemente aufs engste miteinander verknüpft; denn selbst die wohlhabendsten Bewohner der Karibik sind durch das Klima und die besonderen Lebensbedingungen gezwungen, eher solide als fragile Bauten zu schaffen, Objekte, deren Formen eher kräftig als fein sind. Umgekehrt bestechen die Hütten und Häuser der Ärmeren ebenso durch ihre Farbenpracht wie durch den Erfindungsreichtum ihrer Erbauer, die in vielerlei Hinsicht noch heute an uralte afrikanische Traditionen anknüpfen.

Je mehr ich über dieses Thema nachdenke, desto deutlicher erkenne ich gerade in der Vielfalt das eigentlich verbindende Stilelement der Karibik. Diese Inseln stellen das krasse Gegenteil einer zusammenhängenden Landmasse dar, und sie repräsentieren weder einen geeinten Staat noch eine einheitliche Nation. Hier gibt es nichts, das einheitlich oder starr wäre, alles befindet sich in ständigem Wandel.

Kann man diese Vielfalt wirklich einem einzigen, klar benennbaren Stil zuordnen? Vielleicht geht dies nicht bei jedem einzelnen Gegenstand oder in jedem konkreten Fall, aber wenn ich mir die verwirrenden Impressionen meiner Reisen über die Meere ins Gedächtnis rufe, wenn ich an den würzigen und süßen Duft der Inseln denke, dann sehe ich doch ganz deutlich einen bestimmten Stil – einen Stil, der sich aus unzähligen alten und neuen Einzeleindrücken zusammensetzt und der jetzt in seiner formalen Einheit Eingang in dieses Buch gefunden hat.

JACK BERTHELOT
UND MARTINE GAUMÉ

EINLEITUNG

Die Karibik – das ist die faszinierende Kombination warmer, kräftig leuchtender Farben: am Horizont der tiefblaue Himmel, unter ihm das tiefblaue Meer, das in weiße Strände mit grünen Kokospalmen ausläuft. Und über allem herrscht das leuchtende Gold der Sonne. Die Hütten und Häuser der Karibik fügen dieser Palette eine Vielzahl von Farben und Farbnuancen hinzu, und das vorliegende Buch legt Zeugnis ab von dieser buntschillernden Welt, deren optischer Reichtum durch ein einmaliges Wechselspiel von Licht und Schatten zusätzlich vermehrt wird.

Die Bewohner der Westindischen Inseln, ob sie nun auf den Bahamas im Norden oder auf den Großen oder Kleinen Antillen im Süden des Karibischen Meeres leben, sind Nachkommen der unterschiedlichsten Völker, die hierher verpflanzt wurden. Zwischen 1492 und 1504 bereiste Christoph Kolumbus viermal jene Inselkette, die den Atlantischen Ozean vom Karibischen Meer trennt: die Antillen, die bogenförmig von der Mitte Südfloridas und der Yukatan-Halbinsel bis ungefähr an die Küste Venezuelas verlaufen. Sie setzen sich zusammen aus einer nördlichen Inselgruppe, den Großen Antillen – Kuba, Jamaika, Hispaniola (Republik Haiti, Dominikanische Republik) und Puerto Rico –, sowie einer kleineren Inselgruppe im Süden, den Kleinen Antillen, zu denen unter anderen Antigua, Guadeloupe, Nevis, Montserrat, Martinique, Barbados, Grenada und Trinidad zählen.

Kolumbus suchte bekanntermaßen einen neuen Seeweg nach Indien und entdeckte statt dessen mit diesen Inseln das Tor zur Neuen Welt. Angelockt durch das Gold, das man hier zu finden hoffte, kamen bereits im 16. Jahrhundert mit den Spaniern die ersten Eroberer aus der Alten Welt auf die karibischen Inseln. Ihnen folgten allmählich die Engländer und Franzosen, die die von den Spaniern übergangenen Kleinen Antillen kolonialisierten. Vom Beginn des 17. bis zur Mitte des 19. Jahrhunderts wurden Millionen schwarzafrikanische Sklaven auf die Inseln verschleppt, und selbst aus dem weit entfernten Asien kamen Menschen hierher. Sie alle waren gezwungen, ihre Lebensgewohnheiten völlig umzustellen, um in der neuen Umgebung mit ihren oft unerträglichen Lebensbedingungen bestehen zu können. Unter harten Kämpfen und unmenschlichen Strapazen entwickelten sich so die kreolische Kultur und Lebensart.

Die ersten Kolonialherren, die in die Karibik kamen, sahen sich mit einer völlig fremden Welt konfrontiert. Sie wußten nicht einmal, welche Getreide- und Obstsorten sie hier anbauen sollten. Möglicherweise warteten sie zunächst monatelang auf den Winter, bis sie schließlich erkannten, daß das Klima in diesen Breiten das ganze Jahr über gleichbleibend feucht und heiß blieb. Die Indianer versuchten, den Fremden zu helfen, obwohl die Neuankömmlinge alles daran setzten, sie völlig auszurotten. Auf den Kleinen Antillen trafen die weißen Siedler auf die Kariben, einen Stamm, der die früheren Bewohner der Inseln, die Arawak-Indianer, vertrieben hatte. Auf den Großen Antillen lebten damals die Taino, die ihrerseits von den Arawak-Indianern abstammten.

Die Kariben wie auch die Taino haben nur schwache Spuren ihrer Lebensart hinterlassen. Ihre Schutzhütten aber, die sogenannten „carbets" und „ajoupas", die hervorragend auf die klimatischen Bedingungen der Karibik abgestimmt waren, können als frühe Vorbilder der heutigen kreolischen Häuser angesehen werden; unter ihren breiten schützenden Dächern kann die Luft frei zirkulieren, und das Innere der Häuser bleibt angenehm kühl.

Die frühen Siedler bauten lediglich provisorische Hütten, denn sie glaubten fest daran, eines Tages in ihre ursprüngliche Heimat zurückkehren zu können. Erst im Zuge einer wirtschaftlichen Weiterentwicklung begann man, auch stabilere

Häuser zu errichten: Die prunkvollsten Gebäude auf den Antillen wurden mit dem Geld erbaut, das sich ihre Besitzer durch den Handel mit dem Zuckerrohr erwarben. Viele dieser Gebäude sind längst wieder verschwunden, und die wenigen übriggebliebenen Bauten sind verwitterte, vom Verfall bedrohte Zeugen einer untergegangenen Welt. Es ist zu befürchten, daß auch sie bald dem Vergessen anheimfallen, denn mit dem Ende des Zuckerrohrhandels haben sie ihre Daseinsberechtigung verloren.

Um Wohnkultur und Lebensstil der Karibik näher kennenzulernen, genügt es jedoch nicht, nur die Häuser der wohlhabenden Bevölkerungsschichten aufzusuchen. Auch die Häuser der Städter und Bauern sowie jene Gebäude, die im Namen und für die Zwecke der Kolonialmächte entstanden – Festungen, Kasernen, Kirchen –, erzählen ihre je eigene Geschichte.

Die Architektur der Karibik ist eine merkwürdige Mischung der unterschiedlichsten Stilrichtungen, die eine Vielzahl von Völkern und Kulturen auf die Inseln mitbrachte. Der eigentümliche Charme vieler Heime auf den Westindischen Inseln beruht nicht zuletzt auf einer gewissen Naivität, mit der die fremdartigsten Elemente zusammengefügt wurden. Ob es sich nun um ein imposantes Plantagenhaus oder um ein schlichtes Holzhaus handelt, die Architektur dieser Inseln besticht zunächst einmal durch die Frische und Lebhaftigkeit, mit der die Leichtigkeit des Holzes, die Feinheit der Verzierungen und die Kraft der Farben ineinander verschmelzen. Dieser spontane Stil vermittelt fast immer auch den Eindruck jugendlicher Verspieltheit.

Vielleicht in Erinnerung an ihre versklavten Vorfahren, für die ihre Hütten die einzigen Orte der Zuflucht und des Privaten waren, demonstrieren die Bewohner der Karibik noch heute die Liebe zu ihrem Heim mit feinen Verzierungen und „Holzspitzen“, die sowohl die Galerien und Giebel als auch das Innere der Häuser schmücken. Die Fassade eines typischen „Puppenhauses“ auf Barbados ist allerdings auch durch Verzierungen mit strengen Mustern geprägt, die man aus der Monumentalarchitektur kennt. Überall hängen Weihnachtskränze, die das ganze Jahr über grün bleiben. Oft beleben bunte Luftballons und farbenfrohe Drucke das Innere der einfachen Häuser, und auf den englischsprachigen Inseln beeindrucken vor allem die heiteren, leuchtenden Farben der Häuser. Dieser Überschwang an Stilelementen kontrastiert mit einem streng gegliederten Hintergrund, der sich aus den horizontalen und vertikalen Linien der Galerien und Balkone sowie den parallelen Linien der schmiedeeisernen Balustraden und Fensterläden zusammensetzt.

Die ersten Ansätze eines eigenständigen karibischen Stils finden sich im 18. Jahrhundert, doch erst im darauffolgenden Jahrhundert entwickelte sich ein wirklich einheitlicher Architekturstil. Heute verschmelzen in den Häusern der Westindischen Inseln klassische Architekturstile mit den Bauweisen der ländlichen Regionen Europas und Afrikas. In ein und demselben Herrenhaus kann man daher einerseits Fenster finden, die im klassisch griechischen Stil konstruiert sind, andererseits aber auch afrikanisch inspirierte Türen, die mit Holzriegeln verschlossen werden.

Dieser eigentümliche Architekturstil entstand, wie gesagt, durch die Verschmelzung von Elementen der verschiedenen Kulturen, die überall in der Karibik in Kontakt miteinander kamen. Zu den typischen Merkmalen der kreolischen Architektur, die sich auf europäische Ursprünge zurückführen lassen, gehören etwa die Lamellenfensterläden sowie insbesondere die symmetrische Konstruktion der Fassade, in der der Haupteingang die Mitte bildet. Vereinzelt lassen sich Stilelemente sogar dem individuellen Geschmack der Kolonialmächte zuordnen. So gehen beispielsweise die Dachgauben, die einen freien Luftzug unter den Dächern ermöglichen, auf die Franzosen zurück. Auf den von Engländern kolonialisierten Inseln wiederum fällt die Vorliebe für kleine überdachte Türvorbauten („porches“) auf, die gleichzeitig zur Dekoration und zum Schutz des Eingangs dienen. Die Spanier paßten sich den besonderen klimatischen Bedingungen der Karibik an, indem sie verhältnismäßig hohe Häuser von sehr einfacher Form bauten, bei denen lediglich die Türen und Fenster zur Ventilation dienten.

Andere Stilmerkmale der kreolischen Architektur gehen eindeutig auf die Produktionsbedürfnisse der großen Plantagen zurück. Auf vielen Inseln mußten die Hütten der Plantagenarbeiter transportabel sein, damit deren Bewohner jederzeit in die Nähe jener Felder umziehen konnten, die sie gerade zu bestellen hatten. Diese Gewohnheit hat sich bis heute erhalten, und entsprechend ist auch eine Modulbauweise mit normierten Maßen auf einigen Inseln der Karibik noch durchaus üblich.

Selbstverständlich prägte auch die schwarze Bevölkerung, die zu Zeiten der Sklaverei auf die Inseln verschleppt wurde, den Stil der Karibik. Wie zuvor in ihrer afrikanischen Heimat zogen die Schwarzen auch auf den Antillen dunkle Innenräume vor, und sie schlossen ihre Hütten daher nach außen hermetisch ab. Von dieser Eigenheit berichteten bereits die frühen Chronisten der Inseln: Jean-Baptiste du Tertre (1610–1687) bezeichnete die Hütten der Schwarzen als „verschlossene Kästen“. Diese ursprüngliche afrikanische Sitte wurde durch die Sklaverei zusätzlich verstärkt. Denn die Sklaven hatten nichts, was ihnen wirklich gehörte, und das Innere der Hütten war daher das einzige in ihrem Leben, über das sie eine gewisse Macht ausübten.

Obgleich die Architektur der Karibik insgesamt eine Synthese der verschiedensten Einflüsse darstellt, hat doch jede einzelne Insel ihren ganz eigenen Stil hervorgebracht und offenbart doch jede von ihnen dem aufmerksamen Betrachter ein individuelles Gesicht, das sich von dem aller anderen Inseln unterscheidet. Man betrachte nur die Häuser auf Guadeloupe und auf Martinique im Hinblick auf ihre Fundamente und die Gestaltung der Fassaden: Obwohl beide Inseln eine ähnliche historische Entwicklung durchlaufen haben – sie wurden von derselben Nation kolonialisiert und von den gleichen ethnischen Gruppen besiedelt –, führte die Vermischung von nahezu identischen Stilelementen doch zu äußerst unterschiedlichen Ergebnissen.

Mit einem eigenen Architekturstil entwickelte sich gleichzeitig auch ein eigentümlich karibischer Lebensstil. Die Architektur der Karibik ist stark auf ein Leben im Freien abgestimmt, denn die meisten Arbeiten werden außerhalb der Häuser verrichtet. Und selbst die Gebäude sind zumeist offen gestaltet und bieten nur Schutz gegen Sonne und Regen. Darüber hinaus sind die Küche und das Waschhäuschen, in dem Geschirr gespült und gebadet wird, oft vom eigentlichen Haus abgetrennt.

In Gegenden mit einem heißen Klima, wo man zahlreiche Stunden des Tages im Freien verbringt, geraten Gebäude nicht selten zum dekorativen Hintergrund einer architektonischen Gesamtkomposition, in der dem Garten mindestens ebenso große Aufmerksamkeit gewidmet wird wie dem Haus selbst. Zwischen diesen beiden Bereichen – „extra muros" und „intra muros" – bildet die Galerie ein organisches Bindeglied; denn sie befindet sich gleichzeitig drinnen und draußen. Und so verwundert es nicht, daß die Galerie auch bei den Häusern der Karibik oft zum beherrschenden dekorativen Blickfang wird.

Das Haus und seine Umgebung – Architektur, Einrichtung und Garten – spiegeln das karibische Lebensgefühl wider: Die durchaus beabsichtigte Unbequemlichkeit des Sofas, auf dem der Gast wartet, bis er vom Hausherrn empfangen wird, das Flüstern und Murmeln der Stimmen, das durch die dünnen hölzernen Trennwände dringt, die Sinnlichkeit des exotisch gemaserten Holzes, sein Duft und seine warme Tönung – das alles gehört untrennbar zum Leben auf diesen Inseln. Läden, die neugierige Blicke abhalten, und Türen, die das Licht hereinströmen lassen und manchmal dem Vorübergehenden einen flüchtigen Blick ins Innere der Häuser ermöglichen, fügen sich nahtlos ein in dieses widersprüchliche Spiel von Verbergen und Enthüllen, das die Architektur wie auch die Lebensweise auf sämtlichen Inseln im Karibischen Meer gleichermaßen charakterisiert.

Der karibische Stil stellt sich als eine volkstümliche Architektur ohne feststehende Regeln oder starre Prinzipien dar, er kennt keine festen Konzepte und wird nicht an Hochschulen vermittelt, sondern er ist ein lebendiger spontaner Stil, der sich aus Erfahrungen speist. Und da diese Erfahrungen so zahlreich sind wie die Inseln mit ihrer je eigenen, bewegten und wechselvollen Geschichte, dürfte das vorliegende Buch selbst für die Bewohner der westindischen Inselwelt so manche Überraschung bieten. Denn hier lebt jeder auf seiner eigenen Insel, abgeschnitten von allen übrigen. Jede Insel wird von ihren Bewohnern als eine eigene Welt angesehen, als weit entfernte Kolonie einer westlichen Nation. Man weiß so gut wie nichts von seinem Nachbarn und lebt noch immer in dem Glauben, alles Gute komme aus Europa oder aus noch entfernteren Weltteilen.

„Wohnkultur und Lebensstil in der Karibik" darzustellen heißt so auch zu zeigen, daß es ein gemeinsames, tiefverwurzeltes kreolisches Erbe gibt, das die Jahrhundertwende überdauert hat, das sich ungeachtet aller fremden Einflüsse nicht verleugnen läßt.

Die kreolische Identität, die diese Kulturen eint, ging hervor aus der Eroberung der Neuen Welt durch die großen Seefahrernationen Europas, und sie ist dennoch fest auf diesen Inseln zwischen Nord- und Südamerika verankert. Aus der Verschiedenheit ihrer Ursprünge erklären sich ihre Fülle und ihr Reichtum.

Rechts: *Le Diamant, ein riesiger Fels vor der Küste von Martinique, gehört zu den besonderen Sehenswürdigkeiten dieser Insel.*

MERCI SAINTS

1

DIE FASZINATION DER KARIBIK

Das Leben in der Karibik bietet eine überwältigende Fülle unvergeßlicher, farbenprächtiger Szenen, die sich von Augenblick zu Augenblick verändern. Die atemberaubenden Landschaften und die Lebendigkeit des Alltags auf den Inseln verschmelzen zu Bildern von einmaliger Schönheit und Harmonie.

Oben: *An den Straßenrändern wird frisches Obst und Gemüse zum Verkauf angeboten: Ananas, Auberginen, Gurken, Soursops und Mangos.*

Links: *Fischer auf Martinique, Ochsen, die einen Karren ziehen (auf Marie-Galante), und ein überfüllter haitianischer Marktplatz zählen zu den typischen Impressionen des Lebens auf den Antillen.*

Vorhergehende Seiten: *Bewohner der Insel Nevis baden in einer geschützten Bucht.*

Links und rechts: *Ob zwischen hohen Palmen an einen Hang geschmiegt; unmittelbar am Wasser oder hoch oben auf einem Hügel gelegen – die Häuser sind in der Karibik stets harmonisch in die abwechslungsreiche Landschaft eingebunden.*

***Oben:** Von der Veranda dieses Hauses auf Nevis eröffnet sich ein weiter Blick auf die üppig blühende Landschaft. Auch an heißen Tagen sitzt man hier angenehm kühl.*

***Oben:** Diese überdachte Terrasse mit Blick auf die Küste von Barbados bietet einen sonnengeschützten Platz zum Ausruhen.*

Die Vegetation in der Karibik verändert sich im Laufe des Jahres kaum: Die Bäume sind immer grün, und es gibt wenige Früchte und Blumen, die nur zu bestimmten Zeiten reifen oder blühen. Die Kokospalme, die auf allen Antilleninseln zu finden ist, wurde ursprünglich aus Indien in die Karibik verpflanzt.

Links: *Vom Baum des Reisenden (oben ganz links), der am Ansatz seiner fächerartigen Blätter Wasser speichert, bis hin zu den beeindrukkenden Baumfarnen und Litschibäumen (unten ganz links) sowie den riesigen Seerosen finden sich auf den Inseln zahlreiche Arten sattgrüner Pflanzen und farbenprächtiger Blumen.*

Rechts: *Ein Palmenhain auf Nevis spiegelt sich in einem Süßwasserteich.*

__Links:__ Diese Auberginenfelder in Haiti reichen unmittelbar an eine kleine Siedlung von volkstümlichen Häusern heran.

__Rechts:__ Die landwirtschaftlichen Anbaumethoden sind von Insel zu Insel verschieden. Auf Saint-Barthélemy grenzen Steinwälle die Felder voneinander ab.

__Mitte rechts:__ Auf den terrassenartig angelegten Feldern der Berghänge Haitis wird Gemüse angebaut.

__Unten rechts:__ Das Zuckerrohr auf Martinique, das auf sanft abfallenden Hügeln in Meeresnähe wächst, wird mit der Hand geschnitten.

2

DIE ÄUSSERE GESTALTUNG DER HÄUSER

In den Städten wie auch in ländlichen Regionen zeigt sich die karibische Architektur in einer schillernden Vielfalt: Bunt gestrichene Zäune, dekorative Balkone, halbgeöffnete Fensterläden und einfallsreich verzierte Giebel gehören zu den auffälligsten architektonischen Elementen, die mit der üppigen Vegetation der Landschaft sowohl harmonieren als auch kontrastieren können.

Oben: *Die eigenwillige Dachkonstruktion dieses haitianischen Hauses zeugt von einer für die Architektur dieser Insel charakteristischen Phantasie und Gestaltungsfreude.*

Links: *Zierliche „Holzspitzen" schmücken die Fassade dieses in matten Farben gehaltenen Hauses auf Barbados.*

BALKONE UND VERANDEN

Wie die Veranden und Galerien der Landhäuser ist der Balkon eines Stadthauses ein Ort, an dem man sich im Freien eine frische Brise ins Gesicht wehen läßt. Auf den Inseln, die von Franzosen und Spaniern beeinflußt sind, liegen die Balkone immer zur Straßenseite hin, so daß die Bewohner der Häuser leicht einen Plausch mit ihrem Nachbarn halten können. Auf den englischsprachigen Inseln hingegen, wo man größeren Wert auf seine Privatsphäre legt, sind Balkone und Veranden häufig geschlossen und oft sogar an der Seite oder der Hinterfront des Hauses versteckt.

Oben: *In Pointe-à-Pitre auf Guadeloupe zieren schmiedeeiserne kleine Balkone die durch Lamellenläden geschützten Fenster eines Stadthauses.*

Links oben und unten: *Breite Eingangstore, vorgelagerte Gärten, Treppen, die zum Hauseingang hinaufführen, sowie geschlossene Veranden sind typisch für die Häuser auf Barbados.*

__Oben:__ Geometrische Holzgeländer umgeben die Balkone dieses Hauses in Grand Bourg auf der Insel Marie-Galante, die zu Guadeloupe gehört.

__Rechts oben:__ Eine phantasievoll verzierte Holzbalustrade sowie das Schachbrettmuster der Dachgaube beleben dieses schlichte Haus in St. Claude auf Guadeloupe.

__Rechts:__ Ziegelsteine und schmiedeeiserne Balkone wie bei diesem Haus in Pointe-à-Pitre findet man ansonsten relativ selten auf Guadeloupe.

Links: *Dieser offene Balkon im ersten Stock eines Stadthauses in Grand Bourg ist typisch für die Bauweise auf Guadeloupe.*

Rechts: *Offene wie geschlossene Balkone und Veranden – aus Metallfertigteilen und fabrikmäßig hergestellten Holzverzierungen – schmücken die Stadt- und Landhäuser auf Montserrat, Guadeloupe, Antigua und Hispaniola (Haiti) in einer erstaunlichen Variationsbreite.*

LIQUOR LOCKER

DEKORATIVE VERZIERUNGEN

Da sie das grelle Sonnenlicht filtern und gleichzeitig für Lüftung sorgen, sind die ausgesägten Verzierungen, die sich an den meisten Häusern auf den Antillen finden, gleichermaßen zweckmäßig wie dekorativ. Doch obwohl sie einen Zweck erfüllen, gleicht keine von ihnen der anderen, sondern jede einzelne zeugt vom persönlichen Geschmack des stolzen Hausbesitzers. Und wie seine Verzierungen und Ornamente ist auch jedes Haus in seiner Art einzig.

Links: *In Gustavia auf der kleinen Insel Saint-Barthélemy zieren „Holzspitzen" mit einem Möwen- und Fischmuster ein hellblau gestrichenes Haus.*

Rechts: *Stilisierte Säulen, ausgesägte Sternmuster an einer Balkoneinfassung, ein griechisch inspirierter Fries und „Holzspitzen" an den Fenstern sind nur einige von unzähligen Motiven, mit denen sich ein Haus schmücken läßt.*

DIE FORM DER DÄCHER

Spitze, oft auch leicht geneigte Dächer zählen zu den auffälligsten Merkmalen der karibischen Häuser. Ein solches Dach schützt die Bewohner eines Hauses wie ein großer Schirm sowohl vor Regen als auch vor der heißen Sonne und vermittelt ihnen ein Gefühl der Sicherheit und Geborgenheit. Die früher üblichen Ried- und Holzschindeldächer werden inzwischen immer häufiger durch Wellblech, heute das gebräuchlichste Dachmaterial auf den Inseln, ersetzt.

Ganz links und ganz links unten: *Symmetrisch angeordnete Dachspitzen kennzeichnen die Bauweise auf den englischsprachigen Inseln. Die beiden relativ flachen Dachspitzen befinden sich auf einem Holzschindelhaus auf Nevis, die Dreiergruppe krönt ein Haus auf Montserrat. Jedes zusätzliche Dach zeigt an, daß es sich um einen Anbau an das ursprüngliche Gebäude handelt.*

Links und unten links: *Die beiden Holzhäuser aus den zwanziger Jahren mit ihren spitzen Dächern befinden sich in Didier, einem Wohnviertel in Fort-de-France auf Martinique.*

Rechts: *Ein Stadthaus in Port-au-Prince, Haiti, das um die Jahrhundertwende errichtet wurde, sticht durch eine außergewöhnliche Dachkonstruktion ins Auge.*

DIE FARBEN DER INSELN

Als auf den Antillen Anstrichfarbe noch nicht überall erhältlich war, wurde die Farbe eines Hauses ausschließlich von den Materialien bestimmt, aus denen es bestand, in der Regel Stroh und Naturholz. Zwischen den beiden Weltkriegen wurden Farben begehrte Einfuhrartikel, und bald darauf schon ersetzten leuchtende Farben die früheren Braun-Beige-Tönungen der Häuser. Die nunmehr bevorzugten neuen Farben spiegelten oft die Umgebung der Häuser wider: das intensive Blau des Himmels, das Rot und Gelb der Krotonblätter, das Rosa der Bougainvilleablüten.

Gleich aber, ob es sich um die Bonbonfarben der Häuser auf den englischsprachigen Inseln, um die zarten Farbtöne der Häuser auf den französisch geprägten Inseln oder um die lebhaften Farben handelt, die auf Hispaniola vorherrschen – Farben spielen auf sämtlichen Inseln der Karibik eine wichtige Rolle bei der Gestaltung eines Hauses.

Links: *Leuchtendes Rosa, strahlendes Gelb, kräftiges Türkis und zartes Lila: Die Farbpalette der karibischen Häuser ist schier unerschöpflich.*

Rechts: *Rotgelbe Tür- und Fensterläden kontrastieren mit den leuchtendblauen Wänden dieses volkstümlichen Hauses auf Montserrat.*

Links: *Zickzackmuster, Streifen und Quadrate sind nur einige von vielen dekorativen Motiven, die dazu dienen, Wände, Fenster und Balkone grafisch abwechslungsreicher zu gestalten. Jede Veränderung der Oberfläche einer Fassade, beispielsweise ein hölzerner Türrahmen oder Fensterläden, bietet eine willkommene Gelegenheit zum Experimentieren mit Farben, die Details hervortreten und den Gesamteindruck des Gebäudes lebhafter wirken lassen.*

Rechts: *Die leuchtendblauen Pfeiler und Türen der offenen Veranda bilden einen starken farblichen Kontrast mit den mattgelben Wänden dieses Landhauses in Haiti.*

Links und links unten: *Diese beiden Häuser in Haiti sind repräsentativ für den Stil der Inselrepublik; sie zeugen vor allem auch von der Vorliebe der Inselbewohner für kräftige Farben und abwechslungsreiche Muster in den Verzierungen.*

Rechts: *Ein zweistöckiges Haus in Port-au-Prince, der Hauptstadt der Republik Haiti, sticht hauptsächlich durch den Farbkontrast von Türkis und Weiß ins Auge.*

3

DER STIL DER INSELN

Die Häuser auf den Antillen sind so angelegt, daß ihre Bewohner sich die Passatwinde zunutze machen können, die immer von Ost nach West wehen und eine frische Brise mit sich bringen. Das Leben auf den Antillen steht unter dem beherrschenden Einfluß dieser Winde.

Oben: *Das kleine runde Lamellenfenster am Giebel dieses rosafarbenen Hauses in Haiti sorgt für die Durchlüftung des Dachgeschosses.*

Links: *In der Nähe der haitianischen Hafenstadt Jacmel wiegen sich hohe Kokospalmen im Wind.*

NO
WAITING

LEBEN IM FREIEN

Galerien und Veranden sind die Antwort der karibischen Architekten auf das vorherrschende Klima. Zugleich innen und außen gelegen, sind sie das Bindeglied zwischen dem Haus und seiner natürlichen Umgebung. Sie filtern das grelle Licht, halten die Hitze ab und sorgen dafür, daß das Innere des Hauses angenehm kühl bleibt.

Die hölzernen Lamellenläden an Fenstern und Türen, die überall auf den Inseln anstelle von Glas verwendet werden, kontrollieren den Lichteinfall und lassen gleichzeitig einen kühlen Luftstrom ins Haus.

Links: *Fenster mit Lamellenläden sowie offene, nur durch Jalousien geschützte Veranden und Balkone kennzeichnen die Architektur der für ihr mildes Klima berühmten Inseln.*

Rechts: *Im Hauptgebäude des Landguts Weatherhills auf Antigua sorgt eine offene Gitterkonstruktion von Lichtgaden dafür, daß die Luft im Korridor des ersten Stocks, in dem auch das Schlafzimmer liegt, frei zirkulieren kann.*

DIE WAHL DER BAUMATERIALIEN

Holz, das wichtigste Baumaterial auf den Antillen, wurde früher fast ausschließlich verwendet, doch sieht man es heute häufig auch in Verbindung mit Backstein, Wellblech oder Beton. Das traditionelle Stadthaus zeichnet sich durch eine sinnvolle Kombination aus: Das Erdgeschoß ruht auf einem Steinfundament, der obere Teil des Hauses besteht aus Holz. Stein ist besonders widerstandsfähig gegen Feuer, Holz hingegen gewährleistet einen größeren Schutz bei Erdbeben.

Links: *Geflochtene Zweige, Flachstahl, Holzschindeln, Wellblech, Ziegel, Bambus, Stahlbeton sowie naturbelassenes und buntgestrichenes Holz gehören zu den in der Karibik üblichen Baumaterialien.*

Rechts: *Die braungestrichenen Holzläden dieses Hauses in Trois Ilets auf Martinique heben sich dekorativ von den blaßgelben Fensterrahmen ab.*

DER ZUCKERROHRANBAU

In den fruchtbarsten Regionen der Karibik wurde schon früh Zuckerrohr angebaut. Die großen Zuckerrohrplantagen, die seit Mitte des 17. Jahrhunderts entstanden, entwickelten sich schnell zur Haupteinnahmequelle der Inseln.

Nach 1850 zeichneten sich jedoch Veränderungen ab: Durch neue Verarbeitungsmethoden wurden die traditionellen Plantagen ihrer Vormachtstellung beraubt. Zuckerrohr wurde zwar weiterhin auf Feldern angebaut, mußte jedoch zur industriellen Weiterverarbeitung in Fabriken gebracht werden.

Oben und ganz oben: *Das 1930 errichtete Hauptgebäude von La Ramée auf Guadeloupe gehört zu einer Plantage, auf der man noch Zuckerrohr anbaut; das Zuckerrohr wird in einer der vier Fabriken der Insel weiterverarbeitet.*

Heute wird nur noch auf wenigen der alten Plantagen auf den Antillen Zuckerrohr angebaut. Von den ursprünglichen Gebäuden, in denen früher der Zucker raffiniert wurde, sind oft nur Ruinen geblieben, die allerdings ehrwürdige Zeugen einer großen architektonischen und kulturellen Vergangenheit sind.

Ganz oben: *Nur die Steinmauer und das Kanalsystem sind von der ehemaligen Fabrik noch erhalten geblieben.*

Oben: *Das Landgut Fonds Saint Jacques auf Martinique war einst eine bedeutende Zuckerrohrplantage, wurde jedoch zu Beginn des 18. Jahrhunderts von Père Jean Baptiste Labat (1663–1738), dem Chronisten der Sklaverei auf den Antillen, zu einem Wohnsitz umgebaut.*

Links: *Auf dem ebenen Gelände der Plantage wird Zuckerrohr angebaut.*

WINDMÜHLEN

Die Windmühle war ehemals der ganze Stolz einer jeden Zuckerrohrplantage. Doch wie die Wassermühlen oder die von Tieren angetriebenen Mühlen wurde auch sie um die Mitte des 19. Jahrhunderts unrentabel und mußte durch moderne industrielle Methoden der Zuckerverarbeitung ersetzt werden. Heute steht so manche Windmühle verlassen inmitten der Landschaft, oft von Pflanzen überwuchert, gelegentlich auch wieder instand gesetzt, und erinnert als einsames, aber ausdrucksstarkes Symbol an die lang zurückliegende Glanzzeit der großen Plantagen.

***Oben:** Auf einem kleinen Hügel gelegen, konnte diese Mühle der Plantage Petit Canal auf Guadeloupe den Wind besonders gut nutzen.*

***Oben links:** Diese verlassene Windmühle befindet sich in Les Grands Fonds de Ste. Anne auf Guadeloupe.*

***Links:** Eine steinerne Windmühle der Galways-Plantage auf Montserrat zählt heute mit zu den bekanntesten Sehenswürdigkeiten der Insel.*

__Oben:__ Die Flügel dieser restaurierten Windmühle auf Guadeloupe sind irrtümlich so konstruiert, daß sie sich gegen den Wind drehen.

__Rechts:__ Diese von Pflanzen überwucherte Windmühle auf einem Landsitz auf Grande-Terre, einer Teilinsel von Guadeloupe, ist nicht mehr in Betrieb, doch auf dem Ochsenkarren wird noch immer Zuckerrohr in die nahegelegene Fabrik transportiert.

KAFFEEPLANTAGEN

Nach Zucker war Kaffee die wichtigste Nutzpflanze auf den Antillen. Die Kaffeeplantagen erlebten ihre Blütezeit in der zweiten Hälfte des 19. Jahrhunderts. Da für den Anbau von Kaffeebohnen ein kühleres Klima erforderlich ist als für den Anbau von Zuckerrohr, wurden Kaffeepflanzen meist an den windgeschützten Bergseiten angebaut.

Ganz oben und oben: *Das zweistöckige Hauptgebäude des Anwesens La Pagésie bei Pointe Noire auf Guadeloupe, einer Plantage, auf der Zuckerrohr und Kaffee angebaut wird, besteht aus Holz.*

Rechts: *Das auf einem Hügel gelegene Gebäude ist auf allen Seiten von Kaffeebäumen umgeben.*

Rechts: *Auf La Grivelière, einer Kaffeeplantage auf Guadeloupe, die Ende des 19. Jahrhunderts erbaut wurde, stehen die kleinen Häuschen der Arbeiter eng beieinander in der Nähe des Haupthauses.*

Rechts unten: *Nach dem Pflücken werden die Kaffeebohnen geöffnet und zum Trocknen auf die „glacis" gelegt, eine breite Terrasse vor dem Haus.*

Links: *In einem zweiten Arbeitsgang röstet man die Kaffeebohnen in eigens hierfür eingerichteten Öfen.*

DIE URBARMACHUNG DES LANDES

Einst bedeckten dichte Wälder sämtliche Inseln der Karibik. Vulkanausbrüche und Erosionen durch Meere, Wind und Flüsse haben die tropischen Landschaften im Laufe der Jahrhunderte verändert. Die Landwirtschaft entwickelte sich in zwei gegensätzliche Richtungen: Während die Kolonialherren im Flachland riesige Plantagen errichteten, bestellten die ärmeren Bewohner der hügeligen und bergigen Regionen mühsam ihre kleinen Äcker.

***Oben:** Ein Bauer auf Hispaniola läßt seinen Blick über die endlos weite Ebene am Fuße des Berges schweifen.*

***Links oben:** Einsame Häuser inmitten von kleinen Feldern sind typisch für die kärgeren Landstriche der Republik Haiti.*

***Links:** Ein haitianischer Bauer bearbeitet sein Feld.*

Oben: *Das Laub der kleinen Mangobäume auf Hispaniola verdeckt den Unterkörper dieses Mannes.*

Rechts oben und unten: *Die kleinen Häuser in einem Tal sind umgeben von Obstbäumen, Brotbäumen und Kokospalmen, die nicht nur für Nahrung sorgen, sondern auch Schatten spenden.*

EINE ZIEGELEI

La Poterie, eine Ziegelfabrik bei Trois Ilets auf Martinique, gehört zu den wenigen Landgütern in der Karibik, die nicht landwirtschaftlich genutzt werden.

Ziegelsteine und Ziegel gelangten auf die Inseln, weil sie von holländischen Schiffen als Ballast mitgenommen und später hier zurückgelassen wurden, wenn sich die Schiffe mit Zuckerrohr beladen auf den Heimweg begaben. In späteren Zeiten errichtete man Ziegeleien an Plätzen, wo der Boden den erforderlichen Tonanteil hatte. La Poterie gehört zu den wenigen bis heute erhalten gebliebenen Ziegeleien.

Ganz oben links: *Die Ziegelei besteht aus mehreren flachen Gebäuden mit Wellblechdächern.*

Oben links: *Der Landsitz von La Poterie befindet sich auf einem Hügel. Von ier aus hat man einen guten Blick auf die Hafeneinfahrt von Fort-de-France.*

Oben: *Fenster mit Lamellenläden prägen die Seitenfront des Anbaus, die unmittelbar an das im 19. Jahrhundert erbaute Hauptgebäude stößt.*

Ganz oben: *Die Dachziegel und Ziegelsteine für dieses Gebäude wurden in der Ziegelei von La Poterie hergestellt.*

Oben: *Die einfachen Duschgelegenheiten mit dem blauweiß gekachelten Boden zeugen von einem früheren Modernisierungsversuch.*

Oben: *Das Holzhaus wird im wesentlichen durch eine Metallkonstruktion gestützt.*

4

FREMDE EINFLÜSSE

Die Suche nach Gold führte im 16. Jahrhundert die Europäer in die Karibik. In den folgenden drei Jahrhunderten entwickelte sich auf den Inseln im Karibischen Meer eine Kultur, die sich architektonisch durch eine bunte Mischung der verschiedensten Stile auszeichnete. Die Plantagenbesitzer europäischer Herkunft wie auch die aus Afrika in die Karibik verschleppten schwarzen Sklaven drückten der karibischen Architektur gleichermaßen ihr Gepräge auf.

Oben: *Die phantasievollen Verzierungen und die großen Balkone dieses Privathauses auf Hispaniola (Haiti) sind eine moderne Interpretation des viktorianischen Stils aus der Zeit der Jahrhundertwende.*

Links: *Die Fassade von Murat, einem Plantagenhaus auf Marie-Galante, erinnert an die Bauweise des französischen Klassizismus.*

FRÜHE EINFLÜSSE

Die einfachsten Antillenhäuser ähneln noch heute den Hütten der ersten Siedler, die diese aus Naturmaterialien fertigten und die sich an die Bauweisen der Afrikaner oder der karibischen Urbevölkerung, der Indianer, anlehnten. Diese kleinen handgefertigten Hütten, deren Wände aus geflochtenen Zweigen bestehen, sind in den letzten Jahrzehnten immer seltener geworden.

Oben und ganz oben: *Die Dächer und Wände einiger haitianischer Häuser sind aus Königspalmen gefertigt, einem Baumaterial, das bereits die Ureinwohner der Insel benutzten. Aus den Palmwedeln stellt man die Dächer her, aus den Stämmen die Wände.*

Gegenüberliegende Seite oben und unten: *Die Flechttechnik, die für die Wände dieses Hauses auf Marie-Galante angewandt wurde, haben westafrikanische Sklaven auf den Inseln eingeführt.*

SPANISCHE VORBILDER

Die ersten Kolonialherren in der Karibik waren die Spanier, die sich hauptsächlich die Großen Antillen unterwarfen. Kunstvolle Arbeiten aus Schmiedeeisen, gekachelte Böden und Wände sowie elegante Balkone an glatt verputzten Häuserfronten gehören zu den Stilelementen der karibischen Architektur, die auf diese frühesten Eroberer zurückgehen.

Gegenüberliegende Seite und ganz oben: *Die in Weiß und Pastell gehaltenen Wände dieser Häuser aus dem 18. Jahrhundert in San Juan auf Puerto Rico verraten ebenso spanische Einflüsse wie die freitragenden Holzbalkone oder die Balkone mit schmiedeeisernen Geländern.*

Oben links und rechts: *Helle Decken mit Balken und Rundbögen, wie sie diesen Hausflur in San Juan prägen, sowie glasierte Keramikkacheln sind gleichfalls typisch spanische Stilelemente.*

PHANTASIEVOLLE AUSGESTALTUNGEN

Die Erfindung der Holzsägemaschine in den Vereinigten Staaten erlaubte eine Massenproduktion von Holzverzierungen. Seit der Jahrhundertwende entstanden überall auf den Antillen die „Gingerbreadhouses" (Lebkuchenhäuser), wobei insbesondere in Haiti und auf Trinidad die dekorativen Möglichkeiten dieser viktorianisch inspirierten „Holzspitzen" phantasievoll genutzt wurden.

Oben: *Die von Säulen gestützte Veranda und der glockenförmige Dachaufsatz sind Kennzeichen des verspielten Stils in Haiti.*

Gegenüberliegende Seite oben: *Holzverzierungen säumen die Ränder der spitzen Dächer eines Hauses in Haiti.*

Gegenüberliegende Seite unten: *Die weißen spitzenartigen Verzierungen an den Balkongittern sowie über den Türen und Fenstern bilden einen Kontrast zu den türkisfarbenen Details dieses Hauses in Port-au-Prince.*

ENGLISCHER GESCHMACK

Im 18. Jahrhundert gab es auf den von England beherrschten Inseln bereits zahlreiche Herrenhäuser von ausgesuchter Eleganz und großer Bequemlichkeit. Imposante Häuser wie etwa der Gouverneurssitz auf Montserrat wurden oft in verschiedenen Phasen gebaut und zeichnen sich deshalb durch eine Vielfalt unterschiedlicher Konstruktionsweisen aus.

Ganz oben: *Das Gouverneurshaus auf Montserrat wurde 1750 erbaut und 1907 restauriert, nachdem es von einem Wirbelsturm beschädigt worden war.*

Oben: *Im Wohnzimmer sorgt ein Deckenventilator für eine Abkühlung. Die Sessel haben dunkle Chintzbezüge.*

Gegenüberliegende Seite: *Durch elegante Türbögen blickt der Besucher in das Eßzimmer des Hauses.*

FRANZÖSISCHE EINFLÜSSE

Die Wohnsitze der reichen Plantagenbesitzer sind fast immer im Architekturstil des Landes gehalten, aus dem die jeweiligen Kolonialherren stammten. Auf einigen Inseln beeinflußten deshalb die französischen Herrenhäuser oder Landhäuser des 17. und 18. Jahrhunderts die Architektur der großen Plantagenhäuser am stärksten.

***Oben:** Kleine Palmen in Kübeln und üppig wuchernder Efeu schmücken den Eingang zu dem Plantagenhaus von Mont Carmel auf Guadeloupe.*

***Gegenüberliegende Seite oben:** Bereits 1726 erbaut, ist Mont Carmel das älteste erhaltene Plantagenhaus auf der Insel.*

***Gegenüberliegende Seite unten:** In der Nähe des Hauptgebäudes stehen riesige Büsche mit leuchtend roten Blüten.*

„MADE IN USA"

Einige Gebäude auf Guadeloupe erinnern auf überraschende Weise an Häuser in Louisiana. Dies gilt besonders im Hinblick auf die Verwendung von Gußeisenkonstruktionen, die möglicherweise Ende des 19. Jahrhunderts als Fertigteile aus den USA importiert wurden.

Ganz oben: *Kroton und Hibiskus wachsen vor dem gußeisernen Geländer der Galerie von Gardel, einem Plantagenhaus auf Guadeloupe.*

Oben: *Die Armlehnen dieses „planter's chair" können ausgezogen oder zusammengeschoben werden.*

Gegenüberliegende Seite oben und unten: *Die gußeisernen Fertigteile dieses Gebäudes wurden aus Louisiana importiert. Auch die Innenausstattung verweist auf den Geschmack, der um 1900 in den USA herrschte.*

5

PLANTAGENHÄUSER

Große Plantagenhäuser, die imposantesten Gebäude auf den Antillen, stehen zumeist auf den höchsten Punkten der Inseln. Von dort aus beherrschen sie von weitem sichtbar die Landschaft, und ihr erhöhter Standort erlaubt es ihnen, die Passatwinde zu nutzen. Im 18. Jahrhundert erhielten die europäisch inspirierten Gebäude durch den Anbau von Galerien und Veranden, mit denen man auf das milde Klima der Inseln reagierte, ihr kreolisches Gepräge.

Oben: *Kreisförmig angelegte Hecken und rund geschnittene Büsche prägen das Bild des Parks vor dem Hauptgebäude der Plantage „Villa Nova Great House".*

Links: *Das Haus liegt versteckt am Ende einer Allee, die von jahrhundertealten Mahagonibäumen gesäumt wird.*

VILLA NOVA GREAT HOUSE

Für zahlreiche Häuser auf der englischsprachigen Insel Barbados wurde Kalkstein als Baumaterial verwendet, weil er wegen seiner Lufteinschlüsse besonders gut isoliert. Villa Nova Great House in St. John liegt über 270 Meter über dem Meeresspiegel. Seine dicken Wände bilden einen wunderschönen Kontrast zu den hübschen Holzgittern und Spalieren der Galerie, die unmittelbar auf den „englisch" gepflegten Rasen führt.

Die Galerie, ein schattiger Laubengang, schützt das Innere des Hauses vor direkter Sonneneinstrahlung und hält die Räume im Erdgeschoß angenehm kühl.

Am Hauseingang befindet sich anstelle des sonst auf den englischen Inseln üblichen Türvorbaus („porch") eine Art offenes, überdachtes Foyer. Als Villa Nova Great House 1834 von Edmund Haynes gebaut wurde, gehörte es zu einer 400 Hektar großen Zuckerrohrplantage. Im Jahre 1907 wurde das Gebäude, das heute das Herzstück eines sorgfältig gestalteten und gepflegten Wald- und Landschaftsgartens von gewaltigen Ausmaßen ist, an die Regierung von Barbados verkauft. 1965 erwarb der ehemalige Premierminister von England, Anthony Eden, Graf von Avon, das Haus als Winterresidenz. 1971 wurde es von seinen jetzigen Besitzern, Ernest Hunte und seiner Frau, übernommen.

Oben: *Eine für die Antillen typische Galerie schmückt auch die Front von Villa Nova Great House.*

Rechts: *Steinstufen führen zu einem Teil der Galerie hinauf, der erst in der zweiten Hälfte des 19. Jahrhunderts angebaut wurde.*

Oben: In einer alten Marmorwanne am Ende der Rasenfläche wachsen Seerosen.

Rechts und rechts unten: *Die Galerie und der Haupteingang mit dem großen überdachten Vorbau sind mit Spalierwerk verziert.*

Oben: *Zwei Steinbänke unter Bäumen laden zum Verweilen ein.*

Links: *Die Galerie, an deren Gitterwerk sich Pflanzen emporranken, ist auch an heißen Tagen angenehm schattig.*

Links unten: *Im hinteren Teil des Gartens befindet sich eine Orchideenzucht.*

***Oben:** Auf dem kühlen Steinfußboden des überdachten Vorbaus und auf der sattgrünen Rasenfläche liegen die Hunde der Besitzer.*

***Rechts:** Die Eingangshalle ist mit Marmorfliesen ausgelegt.*

Oben: *Die beiden dunklen Holzstühle und der kleine Beistelltisch heben sich von der blaßgelben Wand des kleinen Wohnzimmers ab.*

Rechts: *Türen mit Lamellenläden, die die Luft im Haus frei zirkulieren lassen, führen in das Wohnzimmer der Familie. Sofa und Sessel haben Chintzbezüge.*

Ganz links: *Zwei eigentümlich gestaltete Mahagonistühle mit Flechtwerk und Rollen flankieren eine alte Standuhr.*

Links: *Über einem zusammenklappbaren Abstelltischchen hängt eine alte Karte von Barbados.*

Oben: *Eine kleine Mahagonibar im gemütlichen Wohnzimmer gehört zu jenen Möbelstücken, die man auf der englisch geprägten Insel Barbados sehr häufig antrifft.*

ST. NICHOLAS ABBEY

St. Nicholas Abbey auf Barbados, eines der ältesten großen Plantagenhäuser in der Karibik, entstand etwa um 1650. Es wurde für Colonel Benjamin Beringer, einen der ersten Zuckerrohrplantagenbesitzer, im Stil der Zeit Jakobs I. erbaut, der damals in England weit verbreitet war. Vier Schornsteine zählen zu den hervorstechendsten Merkmalen dieses Gebäudes.

Im Laufe der Zeit wurde das Innere des Hauses mehrmals umgestaltet. Das Treppenhaus stammt aus dem Jahr 1746, der Vorbau wurde erst im 19. Jahrhundert hinzugefügt.

Zu Beginn des 18. Jahrhunderts, als auf den französischsprachigen Inseln viele Siedler noch in recht bescheidenen Verhältnissen lebten, war St. Nicholas Abbey bereits für seine großzügigen Proportionen und seine kostbare Möblierung berühmt, und bis in die Gegenwart hinein gehört es zu den imposantesten Plantagenhäusern in der gesamten Karibik.

Links: *Die dekorativen Gefäße aus Terrakotta, die über den Garten verteilt sind und vor dem Eingang des Hauses stehen, wurden einst von Handelsschiffen, die Fleisch und Öl aus Europa zu den Kleinen Antillen transportierten, als Ballast mitgeführt.*

Rechts: *Die Fassade von St. Nicholas Abbey ist im englischen Stil des 17. Jahrhunderts gehalten – mit Ausnahme des später hinzugefügten Vorbaus.*

Oben: *Im Eßzimmer kann man wunderbar die Nachmittagssonne genießen.*

Links: *Ein großes Tablett, auf dem das Silberbesteck aufbewahrt wird, steht auf einem Hocker.*

Oben: *Diverse Sessel und Schaukelstühle bestimmen die Atmosphäre des Hauptwohnraums.*

Links: *Die Küche ist in einem separaten Anbau untergebracht.*

Oben: *Das Treppenhaus im Chippendale-Stil wurde 1746 eingebaut.*

Rechts: *Im Rauchsalon imponiert ein ausziehbarer Clubsessel mit Samtbezug.*

***Oben:** Ein Kamin im Schlafzimmer ist auf den Antillen recht ungewöhnlich. Er stammt aus einer Zeit, als die Siedler mit dem tropischen Klima der Inseln noch wenig vertraut waren.*

***Links:** In einem der Schlafzimmer steht ein englisches Bett aus dem 19. Jahrhundert.*

PARHAM HILL

Wie so oft bei Plantagenhäusern auf den englisch geprägten Inseln besteht auch der Gesamtkomplex von Parham Hill aus mehreren Teilen, die nach und nach dem ursprünglichen Gebäude aus dem Jahr 1722 hinzugefügt worden.

Parham Hill liegt auf der Insel Antigua inmitten einer üppigen Parklandschaft mit besonders schönen Bougainvilleas. Die Häuser mit ihren dicken Steinwänden haben durchweg unterschiedliche Holzschindeldächer. Die Zimmer sind in dunklen Farben gehalten und heben sich so markant von den weiß lackierten Türbögen, Säulen und Zierleisten der Gebäude ab.

Oben links: *Eine Darstellung von Parham Hill auf Keramikfliesen weist den Weg zu dem Anwesen.*

Mitte links: *Riesige Yuccapflanzen säumen die lange Zufahrt zum Hauptgebäude.*

Unten links: *Das lachsfarbene Haus mit den weißen Gitterverzierungen wird von der üppigen Vegetation fast völlig verdeckt.*

Rechts: *Die Galerie im ersten Stock eröffnet einen Blick in den Garten.*

Ganz oben und oben rechts: *Verspielte dekorative Muster zieren das Geländer der Galerie im ersten Stock des Gebäudes.*

Oben und unten rechts: *Die Galerie im Erdgeschoß ist mit hübschen gußeisernen Ornamenten im Rokokostil versehen.*

Oben: *Auf einer offenen Terrasse, die an die überdachte Galerie anschließt, kann man im Freien essen.*

Ganz links und links: *Gußeiserne Medaillons und Türklopfer zieren die weißgestrichenen Türläden.*

Ganz links: Auf mehreren Stichen im Eßzimmer ist der Anbau von Zuckerrohr dargestellt.

Links: Ein dunkler Holzfußboden auf dem Treppenabsatz kontrastiert mit den weißen Wänden und Türen.

Links unten: Im Geländer des Treppenabsatzes wiederholt sich das Muster der Galerie im ersten Stock.

Rechts: Im Büro wurden die Abrechnungen gemacht und die Löhne an die Arbeiter ausgezahlt. Der Raum ist nur durch die äußere Galerie mit dem Haus verbunden. Der rotgestrichene Dielenboden harmoniert mit den roten Wänden.

***Oben:** Ein großer, mit Sturmlaternen aus Glas dekorierter Tisch beherrscht das Eßzimmer, dem die zinnoberroten Wände Eleganz verleihen.*

Oben: *In dem von drei verzierten Türbögen unterteilten Wohnraum bilden weißgestrichene Rahmen, Zier leisten und Holzdecken einen ange nehmen Kontrast zu den dunkelgrün gehaltenen Wänden.*

CLARENCE HOUSE

Clarence House, eine offizielle Residenz der Regierung von Antigua, beherrscht das Bild von English Harbour, dem ehemaligen britischen Flottenstützpunkt auf den Kleinen Antillen. Das Haus wurde ursprünglich 1786 als Geburtstagsgeschenk für den Duke of Clarence und späteren König Wilhelm (William) IV. erbaut. Dies erklärt auch den strengen und imposanten Charakter dieses Gebäudes, der durch ein erhöhtes Fundament, in dem sich Weinkeller und Lagerräume befinden, verstärkt wird. Auch die rhythmische Regelmäßigkeit sowie die großzügige Gestaltung des Daches geht auf die frühere Bestimmung von Clarence House zurück.

Eine Veranda, die das Haus auf allen Seiten umgibt, ist für ein Herrenhaus im englischen Stil eher ungewöhnlich. Die Galerie wird nach außen hin durch zahlreiche Lamellenläden abgeschlossen, die nicht nur eine ungestörte Privatsphäre garantieren, sondern das Gebäude außerdem vor den Einflüssen von Sonne und Regen schützen.

Gegenüberliegende Seite, links oben: *An den schmiedeeisernen Vorrichtungen der Galerie wurden früher Öllampen angebracht, die den Eingangsbereich erhellten.*

Oben: *In der Nähe der hinteren Galerie spielt ein Kind.*

Ganz links oben: *Die symmetrische Konstruktion von Clarence House betont den offiziellen Charakter des Gebäudes.*

Links oben: *Vom Haupthaus blickt man auf die Nebengebäude, zu denen eine Küche, ein Waschhaus und die Unterkünfte für das Hauspersonal gehören.*

Ganz links unten: *Von Clarence House eröffnet sich ein beeindrukkender Panoramablick auf English Harbour.*

Links unten: *Im Hof befindet sich ein kleines steinernes Lagerhaus mit einem Blechdach.*

Oben: *Den Hauptwohnraum des Gebäudes, der sich direkt unter dem Dach befindet, schmückt eine Kassettendecke aus Holz.*

Rechts: *Durch das Geländer der Galerie blickt man auf den Hof und die Dächer der Nebengebäude.*

Rechts: *Vom Wohnzimmer aus gelangt man direkt auf die geschlossene Galerie. Das weißgestrichene Holz reflektiert mild das durch die Lamellenläden einfallende Sonnenlicht, so daß es die Innenräume erhellt, ohne zu blenden.*

WEATHERHILLS ESTATE

Weatherhills Estate auf der Insel Antigua ist eine ehemalige Baumwollplantage, auf deren Gelände später Zuckerrohr raffiniert wurde. Die Plantage bestand bereits seit 1660, doch das Haus wurde erst 1890 erbaut. Der überdachte Eingang und die Schiebefenster erinnern an englische Vorbilder.

Die Farbkombination – weiß und waldgrün – ist für Plantagenhäuser im englischen Stil nicht ungewöhnlich. Charakteristisch ist weiterhin, daß sich die Unterkünfte des Hauspersonals, die Küche und das Waschhaus an einem Weg hinter dem Haupthaus befinden. Die Zuckerfabrik und die Mühle liegen auf der anderen Seite.

Oben: *In das Holzhaus aus der Zeit der Jahrhundertwende gelangt man durch einen überdachten kleinen Vorbau. An einer Seite des Hauses verbindet eine zierliche Galerie die Wohnräume mit dem Garten.*

***Ganz oben:** Von dem terrassenförmig angelegten Garten aus hat man einen weiten Blick über das Tal und auf die fernen Berge.*

***Oben:** Die steinernen Nebengebäude stehen eng gedrängt hinter einem Hof an der Rückseite des Hauses.*

***Oben:** Die Haushälterin steht lächelnd in der Küchentür.*

***Links:** Breite Steinstufen führen hinauf zum Hauseingang.*

Ganz links: *Oberhalb des Schreibtischs in dem kleinen Arbeitszimmer hängt eine alte Landkarte von Antigua.*

Links oben: *Ein sanftes Lindgrün der Wände und Möbel unterstreicht die freundliche Atmosphäre des Schlafzimmers.*

Links unten: *Das dunkle Geländer verleiht dem ansonsten schlicht gehaltenen Treppenhaus einen Hauch von Eleganz.*

Rechts: *Trennwandähnliche Konstruktionen mit verstellbaren Lamellen begrenzen das große Eßzimmer.*

Rechts unten: *Im Eßzimmer erregt eine weißgestrichene Kasettendecke aus Holz Aufmerksamkeit.*

L'ERMITAGE

L'Ermitage auf Nevis wurde von der Familie Pemberton erbaut, die ursprünglich aus Wales stammte. Nachkommen der Familie bewohnten das Haus bis 1917.

Das Gebäude stammt aus dem Jahr 1740 und dürfte somit das älteste Holzhaus auf den Antillen sein. Im Hauptraum, der als Wohnzimmer dient, ist das alte Balkenwerk aus hartem Holz, das unter dem Namen „lignum vitae" bekannt ist, noch gut sichtbar.

In dem quadratischen Pavillon, der früher als Küche diente, befindet sich heute das Schlafzimmer.

Links: *Das Holzschindelhaus wurde 1740 erbaut.*

Mitte links: *Der zentrale Teil des heutigen Gebäudes stammt aus dieser frühen Zeit.*

Links unten: *Die Zisterne und das Wasserfiltersystem befinden sich in der Nähe des Eingangs.*

Rechts: *Über breite Steinstufen gelangt man in den überdachten Vorbau.*

Links: Lamellentüren geben den Blick in die Veranda frei, die unmittelbar an das Wohnzimmer anschließt.

***Oben rechts:** Getrocknete Fächerkorallen schmücken einen kleinen Tisch, der ursprünglich als Ständer für Wassergefäße gedacht war.*

***Oben rechts Mitte:** Auf dem Verandatisch liegen Mangofrüchte.*

***Oben ganz rechts:** Eine Treppe mit tiefen Stufen führt hinauf zu einem der Schlafzimmer.*

***Unten rechts:** Die alte Öllampe erinnert an die Zeit, als es im Haus noch keine Elektrizität gab.*

***Unten rechts Mitte:** Das Aquarell eines schwarzen Mädchens findet sich im Schlafzimmer.*

***Unten ganz rechts:** Die Treppe zum Schlafzimmer führt gleichzeitig auch in den Garten hinaus.*

Oben: *Wohn- und Eßbereich befinden sich in dem bereits 1740 errichteten Teil des Gebäudes.*

Links: *Das Balkenwerk ist typisch für den englischen Stil dieser Zeit.*

Oben: *Die Säulen des Himmelbetts wirken ausgesprochen grazil. Mit Hilfe des Hockers ist das hohe Bett leichter zu erreichen.*

Links: *Aus dieser Perspektive ist gut zu erkennen, wie verwinkelt das kleine Treppenhaus ist.*

WATERWORKS

Der heutige Eigentümer von Waterworks auf Montserrat stammt von der irischen Familie ab, die 1741 diese Plantage gründete und im selben Jahr das Hauptgebäude errichtete. Die nüchterne und schnörkellose Konstruktion des Gebäudes ist typisch für die Architektur der frühen Kolonialzeit, als die Siedler jede unnötige Zurschaustellung von Luxus vermieden.

Durch ein eigenes Kanalsystem wird das Gebäude mit Wasser aus den weit entfernten Bergen versorgt; daraus erklärt sich auch der ungewöhnliche Name des Anwesens. Eine Windmühle, eine Wassermühle und eine von Tieren angetriebene Mühle dienten früher dazu, das Zuckerrohr zu mahlen.

Oben ganz links: *Am Rande eines der Kanäle wachsen Kokospalmen.*

Oben links: *Der überdachte Türvorbau befindet sich genau in der Mitte der Fassade.*

Mitte ganz links: *Durch einen Wald mit jahrhundertealten Bäumen schlängelt sich ein kleiner Weg.*

Mitte links: *Der riesige Feigenbaum mit seinen kräftigen Ästen und Wurzeln wird aus dem naheliegenden Wasserreservoir gespeist.*

Unten ganz links: *Ein alter Kanal führt noch heute Wasser zu der verlassenen Mühle, in der früher Zuckerrohr gemahlen wurde.*

Unten links: *Auf der Rückseite verbindet eine Galerie die beiden Gebäude miteinander.*

Rechts: *Am Ende eines mit Königspalmen gesäumten Weges lenkt das Hauptgebäude von Waterworks schon von weitem die Aufmerksamkeit auf sich.*

***Links:** Die einfache Holzbank auf der hinteren Galerie ist in demselben Farbton wie die Fensterläden gehalten.*

***Links unten:** Das nüchterne Braun des Fußbodens sowie der Wände und Mahagonimöbel verleiht dem Wohnzimmer eine Atmosphäre unaufdringlicher Gediegenheit.*

Rechts: *Dem Eßzimmer geben grüne Wände eine ganz besondere Note.*

Ganz rechts: *Auf einem Servierwagen stehen glänzende Silberkännchen und Kristallgläser.*

Unten rechts: *Das Wohnzimmer ist mit Möbeln aus den fünfziger Jahren unseres Jahrhunderts eingerichtet.*

PÉCOUL

Im Gegensatz zur bevorzugten Bauweise auf zahlreichen anderen Karibikinseln stehen die Häuser auf Martinique nicht auf pfahlartigen Stützen, sondern haben ein solides Steinfundament. Die quadratische Konstruktion dieses 1760 errichteten Hauses auf der ehemaligen Zuckerrohrplantage Pécoul ist typisch für die Herrenhäuser auf den von Frankreich kolonialisierten Inseln.

Das Erdgeschoß dominiert ein Raum mit einem Terrakottafußboden, der auf allen Seiten von einer Galerie umgeben ist. Die dicken Wände des Wohnraumes sollten die Hausbewohner vor Wirbelstürmen schützen. Die Schlafräume liegen in einem hölzernen Aufbau im ersten Stock.

Die Zuckerfabrik ist durch einen Hof, der inzwischen zu einem Garten mit künstlich angelegtem Teich umfunktioniert wurde, vom Haupthaus getrennt.

Links: *Der Küchenkamin an der Rückseite des Hauses ist das einzige Element, das die strenge Symmetrie der Architektur unterbricht.*

Links: *Der Weg zum Hauptgebäude von Pécoul ist von Zwergkokospalmen und Bananenstauden gesäumt.*

Mitte links: *Büsche und Steinsäulen umrahmen den Weg.*

Unten links: *Die Fenster an der Fassade und Rückseite des Hauses sind so konstruiert, daß man durch das Gebäude hindurchsehen kann.*

Ganz links: *In der Nähe des ehemaligen Gemüsegartens wachsen üppige Krotonbüsche.*

Links: *In der Nähe der Nebengebäude markiert ein weißer Zaun den Zugang zu den Feldern.*

Mitte ganz links: *Massive Holzläden schützen bei rauhem Wetter Türen und Fenster.*

Mitte links: *Das Kanalsystem im Hof wurde zu Beginn unseres Jahrhunderts in einen Wassergarten umgewandelt.*

Unten ganz links: *Noch immer treibt Wasser das Rad der ehemaligen Zuckerrohrmühle an, die ansonsten nur noch eine romantische Ruine im Grünen ist.*

Unten links: *Das Büro des Verwalters befindet sich zwischen dem Hauptgebäude und der Mühle.*

Rechts: *Rote Dracaena-Büsche säumen einen schimmernden kleinen Wasserfall.*

Links: *Am Eingang zur Zuckerfabrik hängt eine gußeiserne Glocke, mit der früher auf der Plantage zur Arbeit gerufen wurde.*

Unten links: *In die Galerie neben dem Hof schimmert die milde Nachmittagssonne.*

Unten: *Das alte Wasch- und Badehaus wurde in ein modernes Badezimmer umgewandelt.*

Rechts: *Der vordere Teil der Galerie dient als Wohnzimmer. Ocker- und Türkistöne, die an den französischen Stil des 18. Jahrhunderts erinnern, bilden einen reizvollen Kontrast zu den pastellfarbenen Fußbodenfliesen.*

Links: *Pécoul befindet sich noch heute im Besitz seiner Gründerfamilie. Im Eingangsbereich hängen zahlreiche Ahnenporträts.*

Unten links und gegenüberliegende Seite: *Im zentral gelegenen Hauptwohnraum befindet sich das Eßzimmer. Der Mahagonitisch und die passenden Konsolen heben sich markant von den matten Farben der Fußbodenfliesen, den roten Stühlen mit ihren hohen Rückenlehnen und den blaßgelben Wänden ab.*

Oben: *Vom Fenster des hölzernen Aufbaus eröffnet sich ein weiter Blick auf den Garten.*

Rechts: *Ein Teil der Galerie im Erdgeschoß dient als Schlafzimmer. Über beiden Betten hängen Moskitonetze.*

ZEVALOS

Auf Guadeloupe erzählt man sich, daß dieses ungewöhnliche Plantagengebäude mit dem Namen Zevalos aus Fertigteilen zusammengesetzt ist, die in der Werkstatt von Gustave Eiffel in Paris hergestellt wurden. Das gußeiserne Skelett wurde anschließend mit Backsteinen ausgebaut.

Angeblich war das Schiff mit den Gußeisenteilen auf dem Weg nach Louisiana, als es in der Nähe von Guadeloupe leckschlug und der Eigentümer so gezwungen war, die Ladung möglichst schnell zu verkaufen. Der erste Bewohner des Hauses war am Ausgang des 19. Jahrhunderts der Direktor der Plantage von Zevalos.

Oben: *Das große, elegante Gebäude von Zevalos ragt hoch aus einer Ebene von Grande-Terre, neben Basse-Terre die zweite Hauptinsel von Guadeloupe, empor.*

Rechts: *Eine Hecke aus rosa Oleander grenzt das Haus von der Straße ab.*

Links: *Der Zinkfries über dem Eingang erinnert an die Architektur im französischen Viertel von New Orleans.*

Unten links: *Im Erdgeschoß befindet sich nur ein einziger großer Raum mit hohen französischen Fenstern, der als Wohnzimmer genutzt wird.*

Unten: *Ein großes Mahagonibett beherrscht das Schlafzimmer.*

LA FRÉGATE

Das imposante Haus La Frégate auf Martinique wurde in der ersten Hälfte des 17. Jahrhunderts erbaut. Obwohl die Veranda erst über 200 Jahre später angebaut wurde, fügt sie sich nahtlos in das harmonische Erscheinungsbild des Gesamtgebäudes ein.

Das Haus ist mit rustikalen Möbeln von der nahegelegenen Insel St. Lucia sowie mit alten Möbeln aus Martinique eingerichtet, die ausnahmslos aus seltenem und kostbarem Holz gefertigt sind.

Im Hof hinter dem Haus befinden sich eine riesige Zisterne, die von der nahegelegenen Küche leicht zu erreichen ist, ein Schuppen und ein Gebäude, in dem früher das Dienstpersonal untergebracht war.

Links und rechts unten: *Mit seiner Galerie im Erdgeschoß und dem darüberliegenden ersten Stock von geringeren Ausmaßen ist La Frégate ein typisches Beispiel für die Plantagenhäuser auf Martinique.*

Rechts oben: *Einer der Wege zum Hauptgebäude ist von gelb und rosa blühenden Büschen gesäumt.*

Rechts Mitte: *In diesem kleinen Gebäude hinter dem Haupthaus befanden sich früher die Ställe und die Unterkünfte des Dienstpersonals.*

Links: *Das Wohnzimmer in der geräumigen Galerie ist mit zahlreichen bequemen Sesseln und einem Holzschaukelstuhl ausgestattet.*

Rechts: *Die einfachen Bauernstühle und der alte Tisch neben der Tür, dem Eingang in die überdachte Galerie, erinnern an die Einrichtung eines französischen Landhauses.*

Unten rechts: *Unmittelbar neben der Küche ist ein zusätzlicher kleiner Eßbereich eingerichtet.*

Unten ganz rechts: *Die Lamellenläden vor den Fenstem mildern das einfallende Licht. Ein bemalter Krug mit Palmwedeln ziert das tiefe Fensterbrett.*

Rechts: *Das große Eßzimmer befindet sich im Zentrum des Erdgeschosses. Die strengen Formen der Mahagonikonsolen und des ovalen Eßtisches bilden einen reizvollen Kontrast zu den einfachen rustikalen Stühlen mit den Sitzen aus Strohgeflecht.*

BEAUSÉJOUR

Das Dach des Plantagenhauses von Beauséjour auf Martinique ist mit Terrakottaziegeln gedeckt, einem Material, das die Schiffe aus Europa früher als Ballaststoff mit sich führten. Mit dem Bau des Hauses wurde bereits im ersten Viertel des 19. Jahrhunderts begonnen, die verspielten „Lebkuchenornamente" im viktorianischen Stil sowie der Eingangsbereich mit den Lamellentüren wurden um die Jahrhundertwende hinzugefügt.

Die Einrichtung des Hauses ist typisch kreolisch, zahlreiche Möbelstücke stammen von Barbados. Wie auf allen karibischen Plantagen befindet sich die Küche in einem eigenen Gebäude, um die Bewohner des Hauptgebäudes vor Geruchsbelästigungen zu schützen.

Zu Beauséjour gehört außerdem ein umzäunter Bereich, in dem Orchideen gezüchtet werden. Im Garten hinter dem Haus wachsen Mangos, und die Kanäle, die früher zur Wasserversorgung dienten, bereichern heute die wunderschöne Gartenanlage.

Gegenüberliegende Seite, links oben: *Ein Fenster direkt unter der Dachspitze sorgt für eine gute Luftzirkulation im Dachgeschoß.*

Oben: *Lamellenfenster trennen den Wohnbereich von der Veranda.*

Ganz links oben: *Die geschlossene Veranda wurde um die Jahrhundertwende angebaut.*

Ganz links unten: *Das kleine Wasserreservoir, in dem heute Wasserpflanzen gedeihen, gehörte früher zu einem künstlichen Bewässerungssystem.*

Links oben und unten: *Beauséjour liegt an der Nordküste von Martinique, wo eine extrem hohe Luftfeuchtigkeit herrscht. Dies erklärt die besonders üppige Vegetation in Park und Garten.*

Rechts: *Neben der orchideengeschmückten Veranda wachsen Zwergkokospalmen.*

Oben und ganz oben: *Rosafarbene Blüten und riesige Krotonbüsche verleihen dem Garten ein malerisches Aussehen.*

Rechts: *Unmittelbar neben der Küche befindet sich ein Steinbecken, in dem früher Wäsche gewaschen wurde.*

***Links:** In einem steingefaßten Beet in der Nähe der Mangobäume wächst eine Orchideenart, die man nur auf Martinique findet.*

***Unten:** Hortensienbüsche schmücken den terrassenförmig angelegten Garten.*

***Links:** Zwischen verschiedenen Palmenarten erhebt sich ein riesiger Baumfarn.*

***Oben:** Auch in diesen Tontöpfen werden Orchideen gezogen.*

Oben: *Eine hochbeinige Mahagonikonsole, eines der wenigen Möbelstücke von Beauséjour, das auf Martinique angefertigt wurde, war ursprünglich als Stehpult gedacht.*

Rechts: *Überall in der Galerie hängen Orchideen. Die Stühle und Schaukelstühle mit ihren geflochtenen Sitzflächen sind aus Mahagoniholz.*

Oben: *Ein Asparagusfarn ist im tropischen Klima der Insel zu ungewöhnlichen Ausmaßen angewachsen.*

LE MAUD'HUY

Le Maud'Huy, eine Plantage an der Ostküste von Guadeloupe, verdankt ihren Namen einer französischen Familie, die die Insel schon vor langer Zeit verließ. Das Plantagenhaus wurde 1873 von Auguste Pauvert erbaut, dem Direktor einer Zuckerfabrik in einem nahegelegenen Dorf.

Das hölzerne Rahmenwerk des Hauses wurde vermutlich in Fertigteilen aus Louisiana importiert. Wie bei allen Plantagenhäusern auf Guadeloupe ist die Fassade auch dieses Gebäudes weiß gestrichen.

Früher befanden sich die Schlafräume im Erdgeschoß. Das Dachgeschoß, wo sie heute liegen, lieferte ursprünglich nur Schutz gegen die Hitze und wurde nicht bewohnt.

Oben: *Bougainvilleabüsche flankieren den Hauseingang.*

Rechts oben und unten: *Eine Galerie mit rotweiß gekacheltem Boden umschließt das gesamte Haus.*

Ganz oben: *Durch die Zweige einer Feuerakazie sieht man eine auf dem Feld weidende Kuh.*

Oben: *Das Läuten der gußeisernen Glocke kündigte früher den Schichtwechsel auf der Plantage an.*

Links: *Der Haupteingang liegt am Ende einer langen Zufahrt.*

Links: *Am Fuß der Mahagonitreppe steht ein „planter's chair". Der Plantagenbesitzer legte seine Beine über die verstellbaren Armlehnen, damit ein Bediensteter ihm die Stiefel ausziehen konnte.*

Rechts: *Unter dem Vordach lädt ein Schaukelstuhl zum Ausruhen im Schatten ein.*

Ganz rechts: *Eine hölzerne Brüstung sichert das Fenster im ersten Stock.*

Mitte rechts: *Das Arbeitszimmer des Hausherrn befindet sich in der Nähe des Eingangs.*

Unten rechts: *In der Diele hängen zwei alte Landkarten von Guadeloupe über einem Mahagonisofa.*

Unten ganz rechts: *Ein Strauß aus Krotonzweigen schmückt einen kleinen Tisch im Foyer.*

Unten, oben rechts und gegenüberliegende Seite oben: *Im Wohnraum stehen zwei Schaukelstühle an einem kleinen Tischchen, auf dem Karaffen mit Rumpunsch, dem Nationalgetränk von Guadeloupe, Erfrischung verheißen. Vom Wohnzimmer aus führen breite Türen auf die Galerie.*

Rechts: *Ein riesiger polierter Mahagonitisch nimmt fast das gesamte lichtdurchflutete Eßzimmer ein.*

Links und unten: *Die Schlafräume befinden sich im Dachgeschoß, das früher nur als Speicher diente. Die gedrechselten Bettgestelle sind ebenfalls aus Mahagoniholz.*

ROSE HALL

Das imposante Herrenhaus mit dem Namen Rose Hall Great House liegt auf einem die Landschaft beherrschenden Hügel ungefähr acht Kilometer östlich von Montego Bay auf Jamaika. Das zwischen 1770 und 1780 erbaute Haus war bereits völlig verfallen, als es Ende der sechziger Jahre unseres Jahrhunderts von dem amerikanischen Ehepaar John W. Rollins und seiner Frau Linda erworben und restauriert wurde.

Zu dem Eingang des Herrenhauses im georgianischen Stil des 18. Jahrhunderts führen mehrere Treppen hinauf. Im Erdgeschoß befinden sich verschiedene Empfangsräume, unter anderem ein klassisch inspirierter Ballsaal, dessen Wände mit grauer Seide ausgekleidet sind, ein geräumiger Speisesaal, ein kleines Damenzimmer und eine Bibliothek mit glänzend polierter Mahagoniverkleidung. Einer der Schlafräume im zweiten Stock gehörte einst Annee Palmer, der berüchtigten Hausherrin von Rose Hall, die angeblich drei Ehemänner und zahlreiche Sklaven ermordet haben soll. Ihr Tod im Jahre 1831 leitete den Niedergang dieser einst so blühenden Plantage ein.

***Links und rechts oben:** Die imposante Fassade von Rose Hall Great House hebt sich schon von weitem sichtbar aus der Landschaft Jamaikas heraus.*

***Rechts:** Die elegante Balustrade ist in festes Mauerwerk eingefaßt.*

Oben: *Das Eßzimmer ist mit alten englischen Stilmöbeln ausgestattet.*

Oben: *Eine große antike Vase aus China schmückt den Eingangsbereich.*

Oben: *Die mit Seide ausgekleideten Wände im Ballsaal sind mit Palmmotiven verziert.*

Oben: *Ein bronzener Kronleuchter ist Blickfang in dem beeindruckenden Treppenhaus aus Mahagoni.*

Rechts: *In einem der Schlafzimmer fällt ein ungewöhnlich geformtes Baldachinbett aus Mahagoni auf, das von der Insel stammt.*

Oben: *Von der Liege mit den zwei muschelförmig geschnitzten Seitenteilen im großen Schlafzimmer kann man durch die Fenster aufs weite Meer blicken.*

Links: *Säulen, die an gedrehte Seile erinnern, und Ananasschnitzereien sind kennzeichnend für die verspielte Ornamentik der auf Jamaika produzierten Möbel.*

GOOD HOPE

Als John Sharp 1767 die Plantage Good Hope auf Jamaika erwarb, stand nur das Herrenhaus auf dem Grundstück. Der an Architektur interessierte neue Eigentümer ließ in den folgenden Jahren eine Reihe von Gebäuden im georgianischen Stil errichten, die auf der Insel einzigartig sind.

Zu dem riesigen Besitztum gehört unter anderem ein Gebäude mit einem Eingang im palladianischen Stil, das früher als Verwaltungsgebäude der Plantage diente und vom Plantagenbesitzer als Büro genutzt wurde. Die vermutlich Ende des 18. Jahrhunderts entstandene Zuckerfabrik befand sich nicht in der Nähe des Haupthauses. Zur Plantage gehörte auch ein Sklavenhospital, das 1799 fertiggestellt wurde, inzwischen aber zu einer Ruine verfallen ist.

Die Kombination handgefertigter Möbel aus Jamaika mit englischen Erbstücken verleiht dem Herrenhaus eine Atmosphäre von Gemütlichkeit und Wärme. Obwohl die Einrichtung relativ einfach ist, wirken die hohen geräumigen Zimmer elegant und wohnlich. Seit 200 Jahren leben hier Nachkommen des ursprünglichen Besitzers.

Oben links: *Eine Treppe mit zwei Flügeln befindet sich im Zentrum der Fassade im palladianischen Stil.*

Links: *Das Herrenhaus von Good Hope wurde auf einem hügeligen Grundstück errichtet.*

***Gegenüberliegende Seite rechts und oben:** Ein Lattenzaun umgibt den Swimmingpool, der erst vor kurzem angelegt wurde.*

***Rechts:** Dieses klassisch inspirierte Gebäude am Eingang des Landsitzes diente früher als Büro.*

***Unten rechts:** In dem einst für die Wasserversorgung angelegten Kanal wachsen heute Seerosen.*

Links und unten links: *Schmiedeeiserne Stühle und bequeme Korbsessel laden in der Galerie hinter dem Haus zum Ausruhen ein.*

Rechts: *Vor einem hohen palladianischen Fenster im Wohnzimmer des Herrenhauses steht einer der in der Karibik weitverbreiteten „planter's chairs".*

Links: Das ebenerdige Eßzimmer gibt den Blick auf den schindelgedeckten Dachstuhl frei. Die Mahagonimöbel im englischen Stil wurden auf Jamaika hergestellt.

Oben: Alte Sturmlaternen aus mundgeblasenem Glas stehen hübsch nebeneinander gereiht auf dem kleinen Tisch vor einem geschlossenen Lamellenfenster.

***Links:** Lamellenkonstruktionen fungieren im Wohnzimmer als Raumteiler.*

***Links Mitte:** Auf einer Kommode sind persönliche Besitztümer zu einem Stilleben arrangiert.*

***Links unten:** Links neben der Eingangstür zum Wohnzimmer kündigt ein Barometer Wetterumschwünge an. Auf dem glänzend polierten Holzboden genießt ein Hund der Eigentümer die kühle Luft in diesem sonnengeschützten Raum.*

***Rechts:** Die ungewöhnlich geräumige Küche in einem der Nebengebäude ist mit dem Haupthaus durch eine Galerie verbunden. Einfache Holztische bieten zahlreiche Arbeitsflächen.*

LE GAOULÉ

Das 1740 erbaute Plantagenhaus Le Gaoulé an der Südküste von Martinique ist wahrscheinlich das älteste noch erhaltene Steingebäude dieser Art auf der Insel. Seine Fassade erinnert zwar an die Architektur französischer Landhäuser des 18. Jahrhunderts, aber der Grundriß des Hauses und die verwendeten rustikalen Materialien sind typisch für die Bauweise auf Martinique.

Oben: *Von einem kleinen Dachfenster aus hat man einen schönen Blick auf das Meer.*

Oben rechts: *Die Ziegel des Daches von Le Gaoulé wurden auf Martinique hergestellt.*

Rechts: *Auf dieser Steinterrasse vor dem Eingang wurde einst Korn getrocknet.*

***Links:** Die Galerie auf der Rückseite des Hauses führt direkt in den Gemüsegarten hinein.*

***Oben:** Das Erdgeschoß wird von einem einzigen großen Raum eingenommen. Unterhalb der Treppe wurde ein Gästebett aufgestellt.*

6

STADTHÄUSER

Die Städte auf den Antilleninseln liegen zumeist windgeschützt, sind aber der großen Hitze ausgesetzt. Größere, von Gärten umgebene Häuser sind eher selten. Das typische Stadthaus auf den Antillen liegt für gewöhnlich in engen Straßen und besteht meist aus einem Geschäft oder Laden im Erdgeschoß sowie mehreren kleinen Wohnungen in den oberen Stockwerken.

Oben: *Dieses 1912 restaurierte Stadthaus in Port-au-Prince, Haiti, gehörte während der letzten zwanzig Jahre dem amerikanischen Innenarchitekten Lawrence Peabody.*

Links: *Die Häuser in Jacmel im Süden der Republik Haiti stehen dicht gedrängt beieinander.*

EINE STADTWOHNUNG

Dieses am Ende des 19. Jahrhunderts im Zentrum von Basse-Terre, der Inselhauptstadt von Guadeloupe, errichtete Haus war seinerzeit eines von vielen Gebäuden in seiner Art. Doch die meisten der einst von Angehörigen der Mittelschicht bewohnten Stadthäuser mit ihren weitläufigen Gärten auf der Rückseite der Grundstücke sind im Laufe der Jahre verschwunden.

Zu dem Grundstück gehören noch ein Küchenanbau, ein Hof auf der Straßenseite und eine kleine Laube im Innenhof, die zum Ausruhen einlädt.

Oben und Mitte links: *Von der Galerie im ersten Stock blickt man in den Innenhof, der in einem Schachbrettmuster gekachelt ist.*

Unten links: *Ein von Treppen umschlossener massiver Steinbrunnen bildet den Kern des Gartens hinter dem Haus.*

Rechts: *Das Dach der einfachen kleinen Laube besteht aus verrosteten Blechschindeln.*

Links und rechts: *Eine Steintreppe mit einem Säulengeländer aus Terrakotta führt von der Galerie im Erdgeschoß auf den Balkon im ersten Stock.*

__Ganz links:__ Strohhüte, eine Tasche, ein Schirm und ein Spazierstock hängen an einer kleinen Garderobe in der Galerie.

__Links:__ Auf einem kleinen Regal im Schlafzimmer sind einige Heiligenfiguren angeordnet.

__Unten ganz links:__ Das Fenster im Schlafzimmer geht auf den ruhigen Innenhof hinaus.

__Unten links:__ Über dem Bett mit einem Eisengestell in dem blau gehaltenen Schlafzimmer, das sich im ersten Stock befindet, hängt ein Moskitonetz, das eine ungestörte Nachtruhe garantieren soll.

Rechts: *Die Türen und Fenster in der Galerie haben verstellbare Lamellen, die den Luft- und Lichteinfall regulieren helfen.*

EIN KÜNSTLER-REFUGIUM

Ein Haus in Port-au-Prince, der Hauptstadt von Haiti, aus dem Jahre 1912 ist heute das Heim und Atelier von Bernard Sejourné, einem der bekanntesten Maler der Inselrepublik.

Das Gebäude liegt inmitten einer Hügellandschaft und besitzt einen hübschen Vorgarten, zu dem eine Steintreppe hinaufführt. Hinter dem Haus liegt ein großer Garten. Bernard Sejourné hat seine Wohnräume mit traditionellen Möbeln aus Haiti und Antiquitäten von den Antilleninseln eingerichtet.

Ein Swimmingpool und ein geschlossener Garten trennen das Haupthaus vom Künstleratelier – einem hellen, offenen Raum, der auf reizvolle Weise von dem imposanten Charakter des Hauses und seiner eher gediegenen Innenausstattung absticht.

Links: *Durch einen terrassenförmig angelegten Garten wird das Haus von der Straße getrennt.*

Oben rechts: *Ein dekoratives schmiedeeisernes Tor markiert den Eingang zum Grundstück.*

Oben ganz rechts: *Die Treppe in der Nähe des Eingangs wird von üppig bepflanzten Schalen flankiert.*

Rechts: *Haus und Garten des Anwesens sind durch eine Säulengalerie miteinander verbunden.*

Ganz rechts: *Die drei einfachen Stühle vor den hohen Türen mit Schlagläden im hinteren Teil der Galerie wurden in Haiti gefertigt.*

Rechts: *Am Swimmingpool dient ein altes Eisenbett als Bank oder Liege.*

Rechts unten: *Ein niedriger Tisch und zwei weiße haitianische Korbsofas beherrschen das in hellen Farbtönen gehaltene Atelier des Künstlers.*

Links: *Auf einem alten englischen Tisch wächst eine Orchidee im Wurzelwerk eines Farns.*

Oben: *Ein Vitrinenschrank im viktorianischen Stil, schlichte weiße Stühle und ein farbenfrohes Tischtuch prägen die Atmosphäre des Eßzimmers.*

Oben: *Das gediegene Treppenhaus spiegelt den Geschmack, der zu Beginn des 20. Jahrhunderts unter den wohlhabenden Bewohnern Haitis vorherrschte.*

Oben: *Messingleuchter hängen an der hohen Decke im Wohnzimmer.*

Oben: *Hohe Türbögen trennen die Empfangsräume voneinander.*

HOTEL ALEXANDRA

Das Hotel Alexandra im Zentrum von Jacmel, Haiti, war früher einmal ein Einfamilienhaus. Besonders auffallend an diesem weiß verputzten Haus mit Blick aufs Meer sind die Fenster mit ihren ornamentalen Verzierungen und den weißgrün gemusterten Läden. Im Inneren des Gebäudes finden sich hohe Räume, deren großzügiger Zuschnitt an die haitianischen Wohnhäuser der Jahrhundertwende erinnert. Die Zimmer sind heute mit Rokokomöbeln ausgestattet. Die breiten Veranden, deren Wände mit haitianischen Mustern verziert und deren Böden mit bunten Fliesen ausgelegt sind, führen hinaus in den blumenüberladenen, terrassenförmig angelegten Garten.

Oben: *Eine Seite des Hotels ist unmittelbar zur Straße gelegen.*

Links: *Die mit originellen Ornamenten verzierten Bogenfenster werden durch grünweiße Läden vor dem Sonnenlicht geschützt.*

Oben: *Das kleine schwarze Mädchen verliert sich fast auf den breiten Steinstufen hinter dem Haus.*

Rechts: *In dem terrassenförmig angelegten Vorgarten des Hotels wachsen hohe schlanke Kokospalmen in den leicht bewölkten Himmel.*

***Links:** Die mit Blumen und Pflanzen überfrachtete schattige Galerie ist nur schwer von dem Garten zu unterscheiden, in den sie hinausführt.*

***Rechts:** Alte Wohnzimmerstühle aus Holz bieten auf dem von einem schmiedeeisernen Geländer umgebenen Balkon einfache, aber bequeme Sitzmöglichkeiten.*

***Unten rechts:** Auf der mit lebhaften Mustern gekachelten Veranda steht ein kleiner haitianischer Stuhl mit leuchtendgrünem Anstrich.*

***Unter ganz rechts:** Die beiden rustikalen Bauernstühle vor dem quadratischen Holztisch sind aus weichem Holz gefertigt, das mit einer Machete geschlagen wurde.*

Oben: *Am Treppenaufgang ist die aus bemaltem Gips hergestellte Figur eines kleinen Schwarzen postiert.*

Oben: *Die Lünette des Bogenfensters auf dem Treppenabsatz ist in Form eines Palmwedels verziert.*

***Oben:** Auf den Stühlen des blaugestrichenen Wohnzimmers sitzen zwei alte Puppen.*

***Oben:** Das in einem kräftigen Rot gehaltene Eßzimmer, das auf die Galerie hinausführt, ist mit kunstvoll gedrechselten Möbeln ausgestattet.*

Ganz oben: *In diesen Krügen aus Sandstein wird Trinkwasser aufbewahrt.*

Oben: *Die Köchin des Hotels posiert neben einer Vitrine im Eßzimmer.*

Rechts: *Ein Fries im Schachbrettmuster schmückt die Wände der Küche im Hauptgebäude.*

Oben und ganz oben: *Angehörige des Hotelpersonals stehen am Eingang eines Nebengebäudes, in dem sich ehemals die Küche befand.*

Links: *Der Boden dieser alten Küche ist mit ungewöhnlich gemusterten Terrakottafliesen ausgestattet.*

EIN HAUS IN HÜGELLAGE

Um die Mitte des 19. Jahrhunderts begann man in Port-au-Prince die vornehmen Häuser der wohlhabenden Stadtbewohner auf den kühler gelegenen Hügeln zu errichten. Dieses weißbraune Gebäude in der Nähe des Bois Verna, das besonders durch sein hübsches Gitterwerk auffällt, ließ Thérésias Sam, der damalige Präsident von Haiti, im Jahre 1898 als Geschenk für seine Patentochter bauen. Heute gehört es Nicolas Roude und seiner Frau Estelle. Roude, ein ehemaliger Offizier der russischen Armee, lebt seit der Oktoberrevolution 1917 in Haiti.

Gegenüberliegende Seite: *Die Fassade des Hauses sticht durch ein ungewöhnliches geometrisches Gitterwerk aus Holz ins Auge.*

Oben rechts: *Unmittelbar neben dem Gebäude wachsen riesige Kakteen.*

Ganz rechts oben und unten: *Die gemauerten Bögen der Veranda sind in Weiß und Braun gehalten. Die filigranen Bodenfliesen stammen noch aus der Zeit vor der Jahrhundertwende.*

Rechts: *Das Muster des Treppenhausgeländers wiederholt die Formen, die das äußere Gitterwerk des Hauses zieren.*

Oben: *Im hinteren Teil des Hauses trennen zwei Bogentüren das Eßzimmer von der Terrasse.*

Oben: *Die Wände und die Decke des Wohnraums wurden 1901 von einem Pariser Künstler bemalt.*

Oben: *Die weißen Wandpaneelen des Wohnzimmers sind mit goldfarbenen Verzierungen aufgelockert. Die Lamellentüren entsprechen in ihrer Form denen des Eßzimmers.*

Oben: *Die Wohnzimmertür wird von zwei mit Öl auf Leinwand gemalten Putten flankiert.*

HOTEL OLOFFSON

Das beeindruckende Gebäude des heutigen Grand Hotel Oloffson in Port-au-Prince entstand Ende der achtziger Jahre des 19. Jahrhunderts unter Leitung eines französischen Architekten und war ursprünglich als Wohnsitz für Démosthèse Sam, den Sohn des damaligen Präsidenten von Haiti, gedacht. Von 1915 an diente es als Hospital für die amerikanische Besatzungsmacht, bis es 1934 an die Familie Sam zurückging. Sein nächster Mieter, ein Deutscher schwedischer Abstammung mit Namen Oloffson, verwandelte das Haus in ein luxuriöses Hotel.

Obwohl das Grand Hotel Oloffson seitdem mehrfach den Besitzer wechselte, büßte es nichts an Beliebtheit ein. Graham Greene verhalf dem Hotel zu Berühmtheit, indem er es als Schauplatz für seinen Roman „The Comedians" („Die Stunde der Komödianten") wählte; der gleichnamige Film wurde an Ort und Stelle gedreht.

An einen Hügel geschmiegt und umgeben von einem wunderschönen Garten mit üppiger Vegetation, vermittelt das Steingebäude den Eindruck unerschütterlicher Beständigkeit gegenüber dem Wechsel der Zeiten. Extravagant verzierte Balkone, Loggias und Glockentürme setzen einen Kontrapunkt der Eleganz gegen diese wuchtige Solidität.

***Links:** Gekachelte Balkone, Steinurnen, verspielte Balustraden, pflanzengeschmückte Steinbögen und fein gearbeitete Holzdekorationen verleihen dem Hotel ein einzigartiges Flair.*

***Rechts:** Kunstvolle „Lebkuchenverzierungen" an den Balkonen prägen die Fassade des phantasiereichen Gebäudes aus dem späten 19. Jahrhundert.*

Oben: *Auf der Galerie, die unmittelbar an den Speisesaal des Hotels anschließt, laden schlichte Holzmöbel dazu ein, die milde Abendluft zu genießen.*

Oben: *Ein mit Schnitzereien verzierter Tisch, haitianische Korbstühle und ein Sofa gehören zur Ausstattung der Hotelzimmer, deren Schlafräume von der Galerie ins Hausinnere abgehen.*

Oben: *Der Übertopf aus Korbgeflecht auf einem weißen Holztisch hat die Form eines Vogels.*

Oben: *In einer Ecke des Balkons lädt eine Matratze mit Moskitonetz zum Schlafen im Freien ein.*

Links: *Auf der Veranda bietet eine mit Kissen ausgepolsterte Schaukel eine angenehme Ruhemöglichkeit.*

Rechts: *Oberhalb der Wohnzimmertüren sind dekorative Holzverzierungen zu bewundern.*

Rechts Mitte: *Eine Sturmlaterne auf einem der Tische im Empfangszimmer erinnert daran, daß man auf Haiti bisweilen den Unbilden der Natur ausgesetzt ist.*

Ganz rechts: *Überall im Korridor sorgen dekorative Pflanzenkübel für eine entspannte Stimmung.*

Unten rechts: *Spiegel in ausgefallenen Rahmen schmücken eine Ecke des Treppenhauses.*

Unten rechts Mitte: *Namensschilder über den Türrahmen erinnern an die zahlreichen prominenten Gäste des Hotels Oloffson.*

Unten ganz rechts: *In den Suiten trennen Türen mit einem gerafften Vorhang Schlaf- und Wohnzimmer voneinander.*

CHAMBRE
GRAHAM GREENE

EIN DOMIZIL IN BASSE-TERRE

Das heute weißgestrichene Holzhaus am Stadtrand von Basse-Terre, Guadeloupe, war in denkbar schlechtem Zustand, als ein Arzt es erwarb und renovierte. Sämtliche Räume des Hauses führen nach draußen, und auf der Rückseite des Gebäudes wurde eine geräumige Galerie angebaut, die den Zugang zu Garten und Swimmingpool erleichtert.

Der jetzige Eigentümer benötigte viel Zeit, um die passenden Möbel für sein Haus zu finden, doch im Laufe der Jahre gelang es ihm, eine beneidenswerte Sammlung von Antiquitäten der Antillen zusammenzutragen.

Links: *Im Zuge der Modernisierung des Hauses aus dem späten 19. Jahrhundert wurde auch ein Swimmingpool mit Keramikfliesen angelegt.*

Unten links: *Der schlichte Holzbau ist auf allen Seiten von dichtem Buschwerk und mächtigen Bäumen umgeben.*

Oben: *In dem gemauerten Becken nahe der Küche wurde früher Wäsche gewaschen.*

Rechts: *Auf einem weißlackierten Stuhl sitzt einer der drei Aras, die dem derzeitigen Hauseigentümer gehören.*

Links: *Die geräumige Galerie wurde erst später angebaut und wird heute oft zum Essen im Freien genutzt.*

Unten ganz links: *Das Kopfteil dieses Säulenbettes ist mit einem geschnitzten Blättermotiv verziert.*

Unten links: *Über dem Sofa in der weißgestrichenen Loggia hängt ein großer Schildkrötenpanzer.*

Rechts: *Auf dem gekachelten Boden der Galerie, die in den Garten führt, stehen schwere gußeiserne Möbel im Rokokostil.*

EIN ELEGANTES HEIM

Das junge Ehepaar, das in diesem Vorstadthaus in der vornehmen Wohngegend von St. Claude auf Guadeloupe lebt, besitzt eine ausgewählte Sammlung schöner Möbel von den Antillen. Die vorwiegend dunklen Holzmöbel kontrastieren auf reizvolle Weise mit den weißen Wänden des auf einer Anhöhe gelegenen Baus.

Oben: *Das ganze Haus ist von einer geräumigen überdachten Galerie umgeben.*

Gegenüberliegende Seite unten links: *Ein geometrisches Gitterwerk schließt die Veranda an der Vorderseite des Hauses ab.*

Gegenüberliegende Seite unten rechts: *Der hintere Teil der Galerie führt hinaus in den Garten.*

Oben: *Das Gitterwerk oberhalb der Türen läßt Licht und Luft in den Flur ein, von dem die Schlafzimmer abgehen.*

Ganz links: *Das Bett wurde in St. Claude angefertigt.*

Links: *Die Fensterläden sind innen rosa und außen grün gestrichen.*

Links: *Das Wohnzimmer wurde in einem L-förmig geschnittenen Raum im Erdgeschoß eingerichtet. Das gesamte Mobiliar, die Schaukelstühle, das Sofa und der kleine Tisch, stammt aus der Karibik. Neben der Eingangstür nehmen ein riesiges altes Grammophon und ein altertümelndes Telefon die Aufmerksamkeit der Besucher in Anspruch.*

Oben: *Im angrenzenden Teil des Raumes sind wertvolle alte Teller an den Wänden aufgehängt oder auf einer Anrichte plaziert.*

DAS MAISON HAYOT

Inmitten zahlreicher kleinerer Gebäude am Place de la Victoire, nahe der größten Parkanlage von Pointe-à-Pitre auf Guadeloupe, wirkt das Maison Hayot mit seiner ausladenden Fassade weit größer, als es in Wirklichkeit ist. Das Haus, zu dem auch ein kleiner Innenhof gehört, ist von einer offenen Galerie umgeben, die von den Wohnräumen in die angrenzende Küche und das Wasserhäuschen führt.

Das Maison Hayot wurde mit den gleichen Grundmaterialien wie die meisten Stadthäuser in der Karibik gebaut: Das Erdgeschoß, in dem mehrere Läden untergebracht sind, besteht aus solidem, feuerfestem Mauerwerk, während das Rahmenwerk in den oberen Stockwerken aus Holz ist, einem Material, das sich gegenüber den Erschütterungen eines Erdbebens beständiger als Stein erweist.

Die Inneneinrichtung besteht aus Antillenmöbeln, die entweder aus dem Erbe der Besitzerfamilie stammen oder auf Barbados angefertigt wurden.

***Gegenüberliegende Seite:** Die Wohnräume in dem eleganten Eckhaus am Place de la Victoire liegen über den Läden im Erdgeschoß und sind umgeben von Balkonen mit verzierten Brüstungen.*

***Oben:** Der Treppenabsatz im ersten Stock mit dem Art-nouveau-Spiegel und dem Hutständer dient als Diele.*

***Links:** Ein Treppenhaus aus weißlackiertem Kiefernholz führt vom Erdgeschoß in die höherliegenden Etagen.*

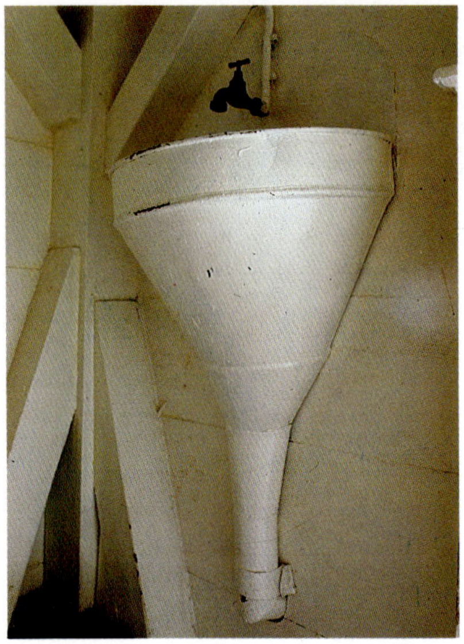

Oben: *Das trichterförmige Becken im Treppenschacht war früher Teil einer Regenrinne.*

Links: *Die gediegenen Möbel im Wohnzimmer stammen ausnahmslos von den Antillen. Aus einem der Fenster blickt man auf einen Mangobaum im Garten.*

Links: *Verschiedenartig geformte Stühle umgeben den Mahagonitisch im Eßzimmer, das hinter dem elegant geschwungenen Treppenbogen liegt.*

Oben: *Im Waschhäuschen sind Küchenutensilien am offenen Gitterwerk zum Abtropfen aufgehängt.*

Rechts: *Der Herd in der Küche, die sich in einem separaten Anbau befindet, wurde früher mit Kohle beheizt. Der Holzanbau links neben dem Herd ist das Waschhäuschen.*

DAS COCONUT HOTEL

Auf einem Hügel oberhalb von Plymouth, der Hauptstadt von Montserrat, liegt ein reizvolles zweistöckiges Gebäude, das um die Jahrhundertwende als Wohnhaus einer Mittelschichtfamilie erbaut wurde und vor einiger Zeit zu einem kleinen Gasthaus umgestaltet worden ist.

Das romantische Coconut Hotel ist auf allen Seiten von Bäumen umgeben, und von der luftigen Veranda im ersten Stock blickt man in einen Garten mit üppiger Vegetation.

Oben: *Am Eingang des Hotels spenden große Bäume Schatten.*

Rechts: *Sämtliche Schlafzimmer im ersten Stock führen auf die Veranda hinaus.*

Ganz rechts: *Am Ende der Galerie im Erdgeschoß ist eine Bar eingerichtet, die mit Lamellenläden abgeschlossen werden kann.*

***Oben:** Das in einem sanften Grün gehaltene Empfangszimmer nimmt fast die gesamte Fläche des Erdgeschosses ein.*

***Ganz links:** Unterteilte Fensterläden mit dünnen Lamellen findet man häufig auf den einst von England besetzten Inseln.*

***Links:** In dem gesamten Gebäude führt nur eine einzige Treppe in den ersten Stock.*

STRASSENSZENEN

In der Altstadt von Pointe-à-Pitre auf Guadeloupe fällt ein Haus aus der Zeit der Jahrhundertwende auf, das in Weiß und Hellbau gehalten ist. Von der Straße führt eine Doppeltreppe zum Eingang hinauf. Das Gebäude mit dem für den Stil dieser von Frankreich kolonialisierten Insel typischen Balkon zur Straße hin besteht gänzlich aus Holz. Zahlreiche Fenster auf allen Seiten sorgen dafür, daß selbst die leichteste Brise genutzt werden kann, um das Leben im Haus angenehm kühl und luftig zu gestalten.

Links: *Das Stadthaus mit dem Spalier auf dem Balkon im ersten Stock ist nicht mit den Nachbarhäusern verbunden, sondern steht frei auf einem kleinen Grundstück.*

Rechts: *Die Kinder der Besitzer spielen auf dem Balkon neben einer blühenden Bougainvillea.*

Rechts unten: *Im Hof hinter der Küche wurde erst kürzlich durch eine Holzkonstruktion ein regengeschützter Eßbereich im Freien geschaffen.*

Links: *Eine Holztreppe führt vom Eßzimmer hinauf in den ersten Stock.*

Unten links: *Ein kleiner halboffener Anbau im Hof dient als Wohnfläche im Freien.*

Rechts: *Am Ende des Hofes führt eine mit Keramikkacheln verzierte Treppe zur Terrasse hinauf. Früher befand sich hier ein Gemüsegarten.*

Rechts unten: *Das Wohnzimmer im Erdgeschoß ist mit einer Balkendecke versehen. In dem imposanten alten Schrank werden Porzellan und Tischdecken aufbewahrt.*

7

VOLKSTÜMLICHE HÄUSER

Volkstümliche Häuser findet man vor allem in den ländlichen Regionen der Karibik. Viele Einwohner der Großen und Kleinen Antillen leben in bescheidenen Verhältnissen, doch ihren einfachen Heimen widmen sie dafür um so größere Aufmerksamkeit. Jedes Haus wird mit bisweilen überschäumender Phantasie verziert und bemalt, und im Inneren werden Möbel und persönliche Erinnerungsstücke mit großem Einfallsreichtum liebevoll arrangiert.

Oben: *In einem Tal auf Antigua schmiegen sich kleine Dorfhäuser an einen üppig bewachsenen grünen Hang.*

Links: *Ein Kind späht aus dem Fenster dieses ganz in Pastellfarben gehaltenen Hauses auf Nevis.*

EIN KLEINES BAUERNHAUS

Dieses kleine Haus auf Guadeloupe ist repräsentativ für die Bauweise in dieser Region, denn die rauhe Karstlandschaft ist für die Errichtung größerer Gebäude nicht sehr günstig.

Ein Bauer hat das Holzhaus, das von einer Veranda aus Beton umgeben ist, für sich und seine Familie gebaut und ganz nach seinem Geschmack gestaltet. Typisch für diese Gegend ist auch der kleine Garten, der es der Familie ermöglicht, sich selbst mit Nahrungsmitteln zu versorgen.

Mit seinen Verzierungen, die auf eigenwillige Weise das Motiv der aufgehenden Sonne interpretieren, und seinen leuchtenden Farben gibt dieses Haus ein lebhaftes Beispiel für den Charme der karibischen Volkskunst.

***Links oben:** Ein winziger Garten mit Heilpflanzen und Kräutern wurde in unmittelbarer Nähe des flachen Hauses angelegt.*

***Links unten:** Auf der Veranda unterhalten sich die Frau des Besitzers und eine Freundin der Familie.*

***Rechts:** Die lebhaften Farben und das ornamentale Sonnenmotiv wirken wie ein naives Kunstwerk.*

Links und links unten: *Die Mahlzeiten werden häufig auf der Galerie eingenommen. Breite Türen sorgen für eine optimale Durchlüftung des Hauses und verschaffen den Bewohnern darüber hinaus große Bewegungsfreiheit.*

***Rechts:** Der als Hauptwohnraum genutzte Bereich im Hausinneren ist ganz in Rosa und Grün gehalten. Statt einer Lampe hängt eine einfache Glühbirne von der Decke herab.*

SCHMETTERLINGS-MOTIVE

Ein volkstümliches Haus in Anse-Bertrand auf Guadeloupe, das nur aus einem großen Wohnraum und zwei kleinen Schlafzimmern besteht, verdient insbesondere durch das Design der Möbelstücke Aufmerksamkeit: Die ausnahmslos von einheimischen Künstlern angefertigten Interieurs zeichnen sich durch eine Vorliebe für Schmetterlinge in ungewöhnlicher Vielfalt aus. So haben etwa die Stuhllehnen die Schmetterlingsform, und außerdem sticht sofort ins Auge, daß die Stühle, die Anrichte im Wohnraum sowie der Kleiderschrank des großen Schlafzimmers aus Holzarten gefertigt sind, die auf eigentümliche Weise farblich miteinander kontrastieren.

***Links:** Die Stühle und die Anrichte im Wohnzimmer wurden aus Holzarten hergestellt, die schillernde Kontraste hervorbringen.*

Rechts und rechts unten: *Stuhllehnen, deren Form Schmetterlingsflügeln gleicht, sind das Markenzeichen der phantasiebegabten Kunsthandwerker von Anse-Bertrand.*

Ganz rechts: *Eine Wand des Wohnzimmers ist mit Postkarten dekoriert, die Familienmitglieder aus dem Ausland geschickt haben.*

Unten ganz rechts: *In dem kleinen Schlafzimmer bildet der übergroße Kleiderschrank mit dem Spiegel einen beherrschenden Blickfang.*

EIN HOTEL AM PARK

Im Zentrum der haitianischen Hafenstadt Jacmel, nahe einer Parkanlage, trifft man auf ein Gebäude, das 1890, nachdem ein Feuer das ursprüngliche Haus fast völlig zerstört hatte, wieder aufgebaut wurde. Erhalten geblieben war seinerzeit allein das Treppenhaus. Der Balkon wird durch ein zierliches Eisengitter gesichert. Die Außenwände des Gebäudes bestehen aus Quadersteinen, über den Fenstern befinden sich Bogen aus Ziegelsteinen.

Ursprünglich von Barnabé Craft, einem früheren Bürgermeister von Jacmel, erbaut, wurde das Haus 1945 zu einem kleinen Hotel umgestaltet. Seit Generationen im Besitz derselben Familie, hat das Hotel sein sympathisches, ein wenig altmodisches Flair bis heute bewahrt.

Ganz links oben: *Das helle Türkis des haitianischen Schaukelstuhls harmoniert mit den Bodenfliesen.*

Oben Mitte links und links: *Von schmiedeeisernen Gittern umgebene Balkone finden sich an vielen Häusern in Jacmel.*

Ganz links: *Durch den bogenförmig gewölbten Eingang, der mit einer Lamellentür verschlossen werden kann, gelangt man in eines der Empfangszimmer.*

Mitte links: *In der Diele hängt eine Tuschezeichnung, auf der die Fassade des Hotels dargestellt ist.*

Links: *Die beiden Pfauensessel sind typische Erzeugnisse des haitianischen Kunsthandwerks.*

Rechts: *Das Holz dieses einfachen Stuhls auf dem Treppenabsatz wurde mit einer Machete bearbeitet.*

***Oben:** Auf der Truhe, neben der eine Hausangestellte posiert, sind Fotos von Familienmitgliedern der heutigen Eigentümer des Hotels aufgereiht.*

***Links:** Das weibliche Familienoberhaupt beobachtet von einer Ecke im Treppenhaus aus das Geschehen in ihrem Hotel.*

__Oben:__ Die Wände im ersten Stock sind mit kunstvoll verarbeiteten roten Holzpaneelen verkleidet, die vom hohen Niveau des Kunsthandwerks in Haiti zeugen.

__Rechts und unten rechts:__ Das breit angelegte Treppenhaus aus Rotholz gehört zu den markantesten Besonderheiten dieses Gebäudes. An den weiß gestrichenen Wänden hängen zahlreiche Fotografien von Familienmitgliedern.

Ganz links: *Die Küche befindet sich im Erdgeschoß. Die Köchin bereitet gerade eine Mahlzeit zu.*

Links: *Außerhalb der Küche hängt eine Waage, auf der Fische und Meeresfrüchte gewogen werden, die ortsansässige Fischer hier abliefern.*

Unten ganz links: *Eine solide Holztür schließt die Küche gegenüber dem Innenhof ab.*

Unten links: *Auf einem Arbeitstisch nahe der Küchentür werden frische Nahrungsmittel gesäubert und für die Weiterverarbeitung vorbereitet.*

Rechts: *Durch ein Tor im Hof, der an eine kleine Seitenstraße anschließt, haben Händler Zugang zur Küche.*

BOISROND
TONNERRE

MAISON NEMAUSAT

Im Erdgeschoß des Maison Nemausat in Basse-Terre, Guadeloupe, befand sich früher lediglich ein einziger großer Laden. An einer Seite der Fassade führt eine Tür in die kleine Diele, die das Haus mit dem großen Innenhof verbindet.

Die Raumaufteilung des Hauses ist typisch für zahlreiche volkstümliche Stadthäuser auf den Inseln im Karibischen Meer: Wohn- und Schlafräume befinden sich im Hauptgebäude, während die Küche und das kleine Waschhaus in Anbauten um den Innenhof gruppiert sind. Hier findet sich auch ein abgegrenzter Bereich, in dem Wäsche getrocknet wird. Ein wenig entfernt ersetzt ein kleiner Garten die sonst üblichen Gemüsebeete.

Die Inneneinrichtung des Maison Nemausat setzt sich vorwiegend aus Möbeln aus der Zeit um die Jahrhundertwende sowie zahlreichen Nippesgegenständen zusammen. Zu den Besonderheiten zählt überdies, daß die Wände des Wohnzimmers mit Briefmarken beklebt sind – in einem Muster, das dem der Keramikfliesen des Fußbodens nachempfunden ist.

Links: *Im Hof zwischen dem Haupthaus und den Anbauten sind zehn einfache rote Stühle um einen runden Tisch gruppiert.*

Oben rechts und rechts: *Der zur Straßenseite gelegenen Balkon ist durch ein elegantes gußeisernes Gitter gesichert, während man an der Rückseite des Hauses einen Balkon mit einfacher Holzbrüstung findet.*

Oben: *Diese alte Kaffeemaschine aus Stahl schmückt einen Holzständer am Ende der Galerie.*

Rechts: *Der Fußboden der Galerie, die zum Innenhof führt, besteht aus roten und schwarzen Terrakottafliesen.*

Oben: *Die aus Ziegeln gemauerte Kochstelle in der Küche wird durch Terrakottafliesen abgeschlossen. In den kleinen Tonkrügen wird Trinkwasser aufbewahrt. Der Ofen links daneben dient zum Brotbacken.*

Links: *Die Teller auf dem Bord an der grün gestrichenen Wand des Wohnzimmers wurden von den Hausbesitzern im Laufe der Zeit auf Flohmärkten erworben.*

Links: *Das Wohnzimmer erstreckt sich über die gesamte Grundfläche des Maison Nemausat.*

Rechts oben und Mitte: *Die Wohnzimmerwände sind mit unzähligen Briefmarken beklebt. Das kunstvolle Arrangement wiederholt in etwa das Muster der Keramikfliesen des Bodens. Früher gehörte das Haus dem Direktor einer Zuckerfabrik, der seine Arbeiter außerhalb der Saison diese ungewöhnlichen Dekorationsarbeiten durchführen ließ.*

Unten rechts und ganz rechts: *Öllampen, Figurinen und Vasen aus der Zeit um die Jahrhundertwende in der mit Schnitzwerk verzierten Vitrine zeugen von der Sammelleidenschaft der heutigen Bewohner.*

Oben: *Am Ende der Galerie hält ein kleiner Kinderstuhl die Lamellentür geöffnet.*

Links: *Ein zweiter gemütlicher Wohnraum im ersten Stock ist mit modernen Bugholzmöbeln von den Antillen ausgestattet. Über der Anrichte hängen Familienfotos.*

Oben rechts: *Das in einem kräftigen Rot gehaltene Schlafzimmer liegt unmittelbar neben dem Wohnzimmer. In der Kommode neben der Tür wurden früher Babysachen aufbewahrt.*

Rechts: *Über das ebenfalls rotgestrichene Treppenhaus gelangt man ins Dachgeschoß.*

KLASSISCHE WÜRDE

Dieses vom klassischen Stil inspirierte Gebäude mit seinem Portikus, Säulen und Balustraden befindet sich in einem der ältesten Wohnviertel von Port-au-Prince und dient heute einem Arzt als Praxis und Privatwohnung. Obwohl es ein wenig baufällig wirkt, strahlt das Haus noch immer einen Hauch von Stolz und Würde aus.

Im Inneren trennen Lamellentüren die hohen Räume, die mit ausgesuchten Möbeln aus den vierziger und fünfziger Jahren eingerichtet sind. Die gekachelten Böden mit ihren feinen Ornamenten in Weiß sowie in verschiedenen Grün- und Ockertönen verleihen den Räumen zusätzlichen Reiz.

Oben und rechts: *Korinthische Säulen säumen die breite Veranda des Hauses.*

***Oben und links:** Ein mit Schnitzereien verzierter Tisch, der in Haiti gefertigt wurde, sticht von den Holzsesseln aus den vierziger Jahren ab.*

CHARLOTTE INN

Das Charlotte Inn, ein kleines Gasthaus in Lucea an der Nordküste Jamaikas, wurde Ende des 19. Jahrhunderts erbaut und diente früher der Familie eines Plantagenbesitzers als Stadtdomizil. Erst vor kurzem wurde es in ein schlichtes Gasthaus verwandelt.

Die fein gearbeiteten „Lebkuchenverzierungen" wurden in Lucea selbst hergestellt, einer Kolonialstadt, die im vorigen Jahrhundert ihre Blütezeit erlebte. Bei der Umwandlung des privat genutzten Gebäudes in ein Gasthaus wurden die Außenwände neu gestrichen und die Zimmer mit phantasievoll zusammengestellten Möbeln eingerichtet, die schlicht, aber farbenfroh wirken.

Links: *Die reichverzierte Veranda an der Fassade des Gebäudes ist vom viktorianischen Stil inspiriert.*

Oben und ganz oben: *Von einem Schaukelstuhl auf der Veranda im ersten Stock hat man einen guten Blick auf die Bucht von Jamaika.*

Rechts: *Kleine Sitznischen in dem ansonsten hellblauen Wohnzimmer sind leuchtendgelb gestrichen.*

Unten rechts: *In einem der Schlafzimmer, das von einem Mahagonibett beherrscht wird, ist die altmodische Badewanne nur durch einen Plastikvorhang mit Spitzenmuster vom übrigen Zimmer abgetrennt.*

Oben: *Die holzverkleideten Wände des Eßzimmers sind königsblau gestrichen. An der Wand steht eine Mahagonikonsole, und die Tische sind von englischen Chippendale-Stühlen umgeben.*

Ganz links: *Weißlackierte Pendeltüren und der Türbogen heben sich deutlich von den Wänden des Eßzimmers ab.*

Links: *Der Boden auf dem Treppenabsatz neben den Schlafzimmern wird regelmäßig gewachst. Die blaßrosa Decke bildet einen reizvollen Kontrast zu den dunklen Wänden.*

Oben: *Zahlreiche liebevoll arrangierte Töpfe und Pfannen lassen erkennen, daß die Besitzerin eine begeisterte Köchin ist.*

Rechts: *Verzierungen in Form von Fischköpfen, wie sie die Holzverkleidung der Veranda schmücken, findet man sehr häufig auf der Fischerinsel Marie-Galante. Das Motiv der aufgehenden Sonne soll Glück bringen.*

EIN SCHULHAUS

Das kleine Haus in Grand Bourg, der Hauptstadt von Marie-Galante, einer Insel, die zu Guadeloupe gehört, baute ein Schreiner für seine Schwester, eine inzwischen pensionierte Lehrerin. Ganz aus Holz gefertigt, stellt es ein Musterbeispiel für den volkstümlichen Baustil dieser Insel dar.

Obwohl es verhältnismäßig klein und schlicht ist, zeichnet sich das Gebäude doch durch

zahlreiche phantasievolle Detailarbeiten aus. Die stilisierten Fischköpfe am Eingang spielen auf eine der Haupteinnahmequellen der Insel an. In den fast schon überladenen Zimmern verleihen unzählige liebevoll arrangierte persönliche Erinnerungsstücke den Wänden das Aussehen von bunten Patchworkarbeiten.

***Oben:** Das sorgfältig gearbeitete Gitterwerk läßt die Luft zwischen den Räumen ungehindert zirkulieren. Die Lehrerin und drei ihrer Schüler sitzen in verschiedenen Teilen des gemütlichen Wohnzimmers.*

***Links:** An den Wänden hängen zahlreiche Fotografien und persönliche Erinnerungsstücke, vor allem Karten und Bildchen.*

FÊTE du
SACRÉ-CŒUR
de JESUS
CALENDRIER
MISSIONNAIRE
1964

Links: *Die Besitzerin des Hauses, eine Lehrerin im Ruhestand, unterrichtet noch immer die Kinder ihrer ehemaligen Schüler.*

Oben: *Heiligenbilder und Fotografien von ehemaligen Schülern, die heute im Ausland leben, aber den Kontakt mit ihrer alten Lehrerin aufrechterhalten haben, hängen an den Wänden oder stehen eng gedrängt auf einem niedrigen Tischchen.*

8

DIE MODERNE ARCHITEKTUR

Zeitgenössische Häuser auf den Antillen, gleich, ob es sich um ständige Wohnsitze oder um Ferienhäuser handelt, verbinden häufig traditionelle Elemente mit den neuesten Errungenschaften der modernen Technologie. Diese Gebäude scheinen ausnahmslos sowohl den Annehmlichkeiten als auch den Launen des tropischen Klimas hervorragend angepaßt.

Oben: *In diesem „Hot-tub" auf der Terrasse eines Hauses auf Saint-Barthélemy kann man ein entspannendes heißes Bad nehmen. Zugleich genießt man von hier aus einen weiten Blick auf das Meer.*

Links: *Dieser moderne Wohnkomplex besteht aus mehreren kleinen Gebäuden mit roten Dächern und liegt auf einem Hügel direkt am Meer.*

BUNGALOWS OBERHALB DER KLIPPEN

Als Cathérine und Perro Ferie beschlossen, mit ihren beiden Kindern von Paris auf die kleine zu Guadeloupe gehörende Insel Saint-Barthélemy zu ziehen, beauftragten sie den jungen französischen Architekten François Pécard, ihnen bei Pointe-Milou ein Haus auf den Klippen mit Blick aufs Meer zu bauen. Pécard, der einige Jahre zuvor auf die Insel gezogen war, entwarf ein modernes Wohnhaus, das jedoch den alten Fischerhütten der Insel nachempfunden ist.

Das Haus ist ein Komplex von mehreren bungalowartigen Gebäuden, die durch Terrassen und breite Wege miteinander verbunden sind. Die dicken Wände der Wohnhäuser sind typisch für diese Insel, während die roten Dächer eine moderne Version der traditionellen Schindeldächer darstellen, die man überall in der Karibik finden kann.

Oben ganz links: *Auf der kleinen Terrasse vor einem der Schlafzimmer steht ein weißgestrichenes Korbsofa aus Haiti. Der alte Ölkrug dient heute als Pflanzenkübel.*

Oben links: *Eine Sturmlaterne neben dem Haupteingang spendet bei unruhigen Wetterverhältnissen Licht.*

Mitte links und ganz links: *Die einzelnen Gebäude sind durch Terrassen, deren oberste über die Klippe hinausragt, miteinander verbunden.*

Unten ganz links: *Im Eingangsbereich des Innenhofs findet sich ein riesiger Terrakottakrug.*

Unten links: *Früchte von der Insel und ein Weinkrug sind auf dem Eßtisch in der Nähe des Küchendurchgangs in Form eines Stillebens arrangiert.*

Rechts: *Offene Regale fungieren zugleich als Stauraum und als Raumteiler. Die Arbeitsflächen, Wände und Böden der Küche bestehen aus glasierten Terrakottafliesen.*

Oben: *Ein niedriger Eßtisch sowie Korbsessel und ländliche Korbstühle nehmen den meisten Raum im Eßzimmer unterhalb der Dachschräge ein. Auf einem der Sessel schlummert der Hund der Feries.*

Rechts: *Auf der gekachelten Abstellfläche vor dem Badezimmerfenster steht eine alte Waschgarnitur aus Porzellan. Der Krug wird heute als Vase genutzt.*

Ganz rechts: *In einer Ecke des Badezimmers ist eine offene Duschkabine installiert.*

***Ganz links und links:** Das Schlafzimmer ist mit einer alten Schatztruhe und einem Himmelbett sowie einem kleinen runden Tisch aus Mahagoni möbliert.*

***Oben:** Ein weißes Moskitonetz aus Gaze verstärkt die verträumte Atmosphäre des großen Schlafzimmers. Der große Spiegel an der Wand reflektiert das Bett.*

MEERESPANORAMA

In Reading auf Jamaika wurde auf den Ruinen eines alten Lagerhauses in der Nähe des Meeres ein modernes Steinhaus errichtet. Zu dem Gebäudekomplex gehören auch einige kleinere Bauten, die als Gästezimmer genutzt werden.

Unmittelbar vor dem Hauptgebäude befindet sich ein tropischer Garten, und von einer breiten Terrasse hinter dem Haus eröffnet sich ein wunderbarer Panoramablick auf das ruhige Meer.

Oben: *Am Baldachin dieser beiden Betten sind Moskitonetze drapiert. Die runde Strohmatte neben dem Bett wurde auf Jamaika gefertigt.*

Oben rechts und rechts: *Das „Wharf House“ genannte Gebäude liegt unmittelbar am Wasser.*

Oben: *Im Wohnzimmer lädt ein Teleskop zu einem Blick in die Ferne ein.*

Links: *Ein gepflasterter Weg umgibt das aus Stein gemauerte Hauptgebäude des Anwesens.*

Unten links: *Der ehemalige Viehstall dient heute als Garage.*

CASA DEL SOL

Vor annähernd dreißig Jahren sahen Niuta und Roy Titus auf einer Kreuzfahrt zum ersten Mal das Casa del Sol in Reading an der Nordküste von Jamaika, das ursprünglich als Gästehaus konzipiert war. Sämtliche Zimmer dieses Hauses führen auf eine wunderschöne überdachte Terrasse hinaus, die sich über eine Länge von 30 Metern erstreckt.

Die hübschen altmodischen Möbel, zu denen niedrige Sessel, Korbkommoden und eine Eßzimmergarnitur mit Ananasmotiv gehören, befanden sich damals bereits im Haus.

Oben links und Mitte links: *Der Bungalow liegt inmitten von hohen Palmen in einem tropischen Garten, der von einer Mauer umgeben ist. Von hier aus kann man auch das Meer sehen.*

Unten links: *Durch die Lamellen der hohen Türen blickt man in den Garten mit seiner üppigen Vegetation.*

Rechts: *Ein niedriger Tisch auf der Veranda ist mit tropischen Früchten bedeckt: Mangos, Ananas, Plantainbananen sowie Ugli-Früchte, eine Kreuzung aus Grapefruit, Apfelsine und Mandarine.*

Gegenüberliegende Seite oben: *Auf der Terrasse sind Sessel mit bunten Baumwollbezügen um einen niedrigen Tisch gruppiert. Ein Teil der großen Veranda ist mit geometrischen Metallkonstruktionen verziert.*

Gegenüberliegende Seite Mitte links: *Der kleine Tisch aus Bambusimitat vor dem Schlafzimmerfenster hat als Ablagefächer ausziehbare Korbschubladen. Ein Jasminzweig schmückt die grüne Vase.*

Gegenüberliegende Seite Mitte rechts: *Im Wohnzimmer sticht ein Wandleuchter mit einem naturgetreuen Ananasdekor ins Auge.*

Gegenüberliegende Seite unten links: *Um das breite Lamellenfenster im Wohnzimmer ist grüner Baumwollstoff drapiert. Der Fußboden besteht aus glasierten Keramikfl esen.*

Gegenüberliegende Seite unten rechts: *Ein Kunstwerk aus geschnitztem Holz, das eine Unterwasserszenerie darstellt, nimmt nahezu die ganze Wand des Eßzimmers ein.*

Links: *Sogar in der Detailarbeit der Holzvertäfelung kommt die tropische Fruchtfülle der Karibik zum Ausdruck. Beherrschend ist hier – ebenso wie bei den Stühlen – das Ananasmotiv.*

VIER PAVILLONS

Walter Chatham, ein junger amerikanischer Architekt, entwarf als Feriendomizil für ein älteres Ehepaar einen Gebäudekomplex auf Nevis, der auf den Ruinen und Fundamenten mehrerer alter Gebäude errichtet wurde. Vier kleine, voneinander abgetrennte Pavillons nehmen mit nur knapp 150 Quadratmetern eine relativ bescheidene Gesamtfläche ein.

Obwohl alle verwendeten Baumaterialien – Holz für die Rahmenkonstruktion, verputzter und unverputzter Beton, Stahlbeton, geschliffener Stein sowie das Wellblechdach und die Abflußrinnen aus Kunststoff – moderne Industrieprodukte sind, versuchte man beim Bau der kleinen Häuschen soweit wie möglich auf traditionelle Methoden zurückzugreifen.

***Oben:** Die Pavillons sind durch gepflasterte Wege miteinander verbunden. Das Gras zwischen den Steinen verstärkt die geometrische Struktur der Wege.*

Gegenüberliegende Seite rechts oben und unten: *Zahlreiche Lamellenfenster, die bis auf den Boden reichen, lassen den Pavillon jederzeit nach außen hin öffnen.*

Links: *Ein großes Feldbett aus dem 19. Jahrhundert beherrscht eines der Schlafzimmer im ersten Stock. An dem Eisengestell kann ein Moskitonetz angebracht werden.*

EIN MODERNES LANDHAUS

Auf einer trockenen Insel ohne eigene Wasserversorgung zählen ein Swimmingpool und ein üppiger Garten zu den höchsten Luxusgütern. Dieses Ferienhaus, das erst vor einigen Jahren auf Saint-Barthélemy erbaut wurde, ist eine zeitgenössische Variante des traditionellen europäischen Landhauses; es liegt inmitten eines Gartens mit typisch karibischen Pflanzen und Bäumen mit farbenprächtigen Blüten und bunten Blättern.

Zum Hauseingang führt eine hübsche Treppe mit abgerundeten Stufen hinauf. Durch einen offenen Torbogen am Eingang blickt man auf die Wohnfläche im Freien, den Swimmingpool und das tiefblaue Meer.

Oben: *Ein mit großen Steinen gepflasterter Weg und eine Treppe mit leicht abgerundeten Stufen führen zum bogenüberwölbten Eingang des Ferienhauses.*

Links: *In einem schattigen Teil des Gartens laden französische Gartenstühle und ein Klapptisch dazu ein, die Ruhe und das milde Klima zu genießen.*

Rechts: *Der offene Torbogen gibt den Blick frei auf den luxuriösen Swimmingpool, der so angelegt ist, daß er über den Hügel hinausragt.*

DAS FERIENHAUS EINES ARCHITEKTEN

Auf einem kleinen Hügel mit atemberaubendem Blick auf den Ozean in der Nähe von Pointe-à-Pitre auf Guadeloupe ließ Jack Berthelot vor einigen Jahren ein von ihm selbst entworfenes Ferienhaus für seine Familie errichten. Der Bau ist von eher bescheidener Größe und verbindet die traditionelle Architektur der Antillen mit den Errungenschaften der modernen Technik und des zeitgenössischen Komforts. Obwohl es auch Betonwände gibt, besteht die Rahmenkonstruktion des Hauses aus Holz.

Der Architekt ließ mehrere französische Türen anbringen, die unmittelbar in den Garten hinaus führen. Das Wohnzimmer ist ein lichtdurchfluteter hoher Raum, und in der offenen Wohnküche treffen sich die Familie und ihre Gäste, um die traditionellen karibischen Gerichte zu genießen. Jedes Schlafzimmer ist von zwei Veranden umgeben. Die Wohnräume sind mit einer geschmackvollen Kombination von Möbeln der Klassischen Moderne sowie diversen handgefertigten Einzelstücken eingerichtet.

Gegenüberliegende Seite oben: *Dieses kleine Haus, das an die traditionellen karibischen Hütten erinnert, wurde vor kurzem für einen Hausangestellten erbaut.*

Gegenüberliegende Seite unten: *Familienmitglieder und deren Freunde schwimmen im Fluß hinter dem Haus.*

Rechts oben und unten: *Ein isoliertes Stahlblechdach schützt das Ferienhaus, das sich organisch in die Berglandschaft fügt, vor den nicht immer nur freundlichen Witterungseinflüssen.*

Rechts: Ein Kunsthandwerker aus Haiti, der auf Guadeloupe lebt, fertigte diese Stühle und den kleinen Tisch aus gebleichtem Mahagoni an.

Rechts unten: Auf der anderen Seite der Veranda stehen moderne Gartenmöbel, die von Richard Schultz entworfen wurden.

Links: *Auf dem Tisch liegen Dominosteine. Die Klappstühle und der Tisch wurden eigens für dieses in der gesamten Karibik überaus beliebte Spiel angefertigt.*

__Oben:__ Unter der Dachspitze wurde eine Arbeitsecke mit Schreibtisch eingerichtet.

__Oben rechts:__ An einem Fenster, das auf einen Balkon hinausführt, steht ein Klavier. Lichtgaden aus Gitterwerk filtern Luft und Licht.

__Rechts:__ Im Eßzimmer, das ebenfalls auf eine Veranda hinausführt, stehen Möbel der Klassischen Moderne, die von Ludwig Mies van der Rohe entworfen wurden.

__Links:__ Sämtliche Einzelräume dieses lichtdurchfluteten Hauses sind durch offene Gänge miteinander verbunden.

***Oben:** Zum Arbeitsbereich in der gekachelten Küche gehören ein Herd und eine Frühstücksbar, über der eine Dunstabzugshaube angebracht ist.*

***Oben:** Ein von Charlotte Perriand entworfener Hocker und eine Liege von Le Corbusier stehen einsam auf dem großen Balkon in der ersten Etage, der durch Lamellenläden gegen Wind und Regen geschützt werden kann.*

EIN KÜNSTLER-REFUGIUM

Als Jean-Marie Rivière, eine bekannte Persönlichkeit des französischen Showbusineß, sich auf Saint-Barthelémy ein Feriendomizil erbauen ließ, legte er großen Wert auf bequeme, wohnliche Räume, in denen sich seine zahlreichen Gäste wohlfühlen sollten. François Pécard schuf für den Künstler einen weitläufigen Komplex, zu dem verschiedene Anbauten von Einzimmerappartements mit eigenem Bad sowie geräumige Empfangszimmer gehören. Sämtliche Teile der Anlage sind durch Laufstege miteinander verbunden.

Jedes der kleinen Holzgebäude wurde im Stil des traditionellen volkstümlichen Antillenhauses gebaut, doch die Palette der gewählten Farben – Blaßrosa, Hellgelb und Himmelblau – entspricht eher dem modernen europäischen Geschmack und verstärkt die Ferienstimmung, die Rivières Anwesen ausstrahlt.

Gegenüberliegende Seite links oben: *Jedes der kleinen Gebäude hat ein rotes Dach aus Wellblech und ist spielerisch ornamental verziert.*

Gegenüberliegende Seite rechts oben und unten: *Die einzelnen Häuschen sind durch Laufstege aus Holzplanken miteinander verbunden, die ihrerseits von üppigen Pflanzen umsäumt werden. Niedrige Balustraden sichern die Veranden.*

Oben: *Durch einen Holzperlenvorhang, der das Licht filtert, kann man hinaus in den Garten sehen.*

Links: *Jeder der kleinen Bungalows besitzt eine eigene Veranda.*

***Oben:** Ein Deckenventilator sowie ein Bett mit Moskitonetz sorgen in den schlicht gehaltenen Gästezimmern für eine ungestörte Nachtruhe.*

***Oben:** Eines der Badezimmer, das direkt in das angrenzende Schlafzimmer übergeht, ist mit einer offenen Dusche ausgestattet.*

Oben: *Die Kacheln in dieser Dusch-kabine sind diagonal angeordnet.*

Oben: *Auf dem Eckstuhl zwischen den Lamellentüren eines der Gästezimmer liegen Frotteetücher bereit.*

EIN GÄSTEHAUS DER REGIERUNG

Von diesem Gebäude in der Nähe von Fort Fleur de l'Epée auf Guadeloupe hat man einen wundervollen Blick auf das Meer. Das Gästehaus der Regierung wurde vor einigen Jahren von Jack Berthelot renoviert. Außer den eleganten Empfangszimmern für festliche Gelegenheiten wurden auch diverse Suiten eingerichtet, die prominenten Gästen der Insel vorbehalten sind.

Der Eingang dieses Gebäudes aus Stahlbeton liegt hinter einem Hof, der mit hiesigen Quadersteinen gepflastert ist. Auffällig sind der Einsatz unterschiedlicher Materialien – besonders von weißem, grauem und rotem Marmor – bei der Gestaltung des Verandabodens sowie die komplizierten Muster der Holzdecken und die naturbelassenen Lamellentüren aus Mahagoniholz, deren eigenwillige Anordnung der großen Galerie einen rhythmischen Ausdruck verleiht.

Links: *Die Mahagonitüren an der Veranda dieses Gästehauses der Regierung von Guadeloupe sind versetzt angebracht und sorgen für ein interessantes Wechselspiel zwischen Licht und Schatten.*

Rechts oben: *Die weitläufigen Empfangsräume führen auf die Veranda hinaus.*

Rechts unten: *Deckenventilatoren lockern die leicht förmliche Atmosphäre des Empfangszimmers auf. Die Ventilatoren werden mit Motoren angetrieben. Ihre Holzflügel mit den abwechslungsreichen Strohmustern stammen aus der Werkstatt eines hiesigen Kunsthandwerkers.*

9

DIE GÄRTEN DER KARIBIK

Auf den Antillen gehört selbst zum kleinsten Haus ein eigener Garten. Ganz gleich, wie groß er ist, man findet in ihm neben blühenden Pflanzen, Bäumen und Ziersträuchern immer auch Obstbäume und Nutzpflanzen. Der karibische Garten ist daher nicht rein dekorativ, sondern er erfüllt stets einen Zweck.

Oben: *Blaßlila Wasserhyazinthen sind auf den Inseln im Karibischen Meer weit verbreitet.*

Links: *Ein kleines Haus auf Barbados ist von einem abgeschlossenen Garten umgeben, in dem ein riesiger Farn wächst.*

ZIERGÄRTEN

Die traditionellen Gemüsegärten hinter den Plantagenhäusern sind heute zumeist in Ziergärten umgewandelt, in denen anstelle von reinen Nutzpflanzen prächtige Blumen gedeihen. Es ist schwer, sich ein Wohnhaus in der Karibik vorzustellen, sei es auch noch so schlicht und bescheiden, bei dem Pflanzen keine wichtige dekorative Rolle spielten. Überall auf den Veranden und Terrassen gedeihen üppige Pflanzen in Töpfen und Kübeln, und die Eingänge und Patios der Häuser werden oft von Büschen mit farbenfroh schimmerndem Laubwerk flankiert.

***Oben:** Zwei efeubedeckte Pfeiler markieren den Eingang zu einem ehemaligen Gemüsegarten, in dem jetzt Ziersträucher und Bäume wachsen.*

***Oben rechts:** Auf der Veranda von Bois Debout, einem Plantagenhaus auf Guadeloupe, setzen dekorative Töpfe mit Pflanzen farbige Akzente.*

***Unten rechts:** Die Gold- und Rosttöne der Krotonblätter harmonieren mit dem dunkelroten Dach dieses flachen Hauses bei Trois Rivières auf Guadeloupe.*

__Links und oben:__ Im Garten des Anwesens von Montpelier, einem ehemaligen Plantagenhaus auf Nevis, das heute ein Hotel ist, kann man ein faszinierendes Spiel von Licht und Schatten genießen. Riesige Ficusgewächse wachsen neben den breiten Stufen aus Vulkangestein.

__Links unten:__ Die geometrischen Holzverzierungen der Veranda und des Zaunes vereinigen sich mit den verschiedenen Grüntönen der Pflanzen zu einem originellen grafischen Muster, das sich von dem blassen Gelb dieses Hauses auf Barbados eigentümlich abhebt.

ROCHES GRAVÉES

Der Boden bei Trois Rivières auf Guadeloupe besteht zum Teil aus Vulkangestein, und das Klima ist hier extrem feucht. Diesen beiden Faktoren verdanken sich der Reichtum und die Vielfalt der Flora bei Roches Gravées. Hier, bei Roches Gravées, einer der bedeutendsten Sehenswürdigkeiten der Insel mit ältesten Kulturdenkmälern, wurde erst kürzlich ein botanischer Garten angelegt.

***Links:** Zwischen den Wurzeln riesiger Bäume liegen große Felsstücke aus Vulkangestein.*

***Rechts:** Bereits am Eingang des botanischen Gartens beeindruckt eine einmalig üppige Vegetation.*

Rechts oben: *In der wildromantischen Landschaft von Roches Graveés liegen riesige graue Felsblöcke.*

Rechts unten: *Rosafarbene Blüten heben sich aus dem üppigen Grün heraus und mildern den bisweilen düsteren Charakter der Landschaft.*

***Links oben:** Oberhalb der Schlucht führt eine Holzbrücke die Besucher durch die Felslandschaft.*

***Links unten:** Auf dem feuchten Boden gedeihen die unterschiedlichsten Arten von Pflanzen.*

UMGEBEN VON PALMEN

Auf der kleinen Insel Nevis wurde auf den Ruinen der alten Nisbet-Plantage ein neues Hotel erbaut. Von dem herrlich gelegenen ehemaligen Herrenhaus führt ein wunderschöner palmengesäumter Weg direkt zum Meer.

Oben links: *In der Nähe des Hotels kann man vom Strand aus auf die Berge von St. Kitts blicken.*

Mitte links: *Die geräumige Veranda mit den hellen Fliegenfenstern dient als luftiger zweiter Aufenthaltsraum.*

Unten links und rechts: *Das Hotel liegt mitten in einem Palmenwäldchen. Ein breiter palmengesäumter Weg führt die Gäste zum Meer.*

BOIS DEBOUT

Der Schriftsteller Saint-John Perse (1887–1975) verbrachte die ersten Jahre seiner Kindheit in Bois Debout, einem Herrenhaus auf Basse-Terre. Auf der ehemaligen Zuckerrohrplantage werden heute Bananen, Mangos und andere tropische Früchte angebaut.

Ein komplexes Hydrauliksystem verband früher das Plantagenhaus mit der Mühle, in der das Zuckerrohr verarbeitet wurde.

***Ganz oben:** Von der Veranda aus blickt man in den Garten hinter dem Haus.*

***Oben:** Das Wasserrad befindet sich am Ende des Kanals.*

Ganz oben: *Eines der Wasserreservoirs ist unter Farnbüschen fast versteckt.*

Oben: *Der Kanal führt durch den ehemaligen Gemüsegarten zur Küche und zum Waschhaus.*

Gegenüberliegende Seite oben rechts: *Im Garten hinter dem Haus wachsen nur einige wenige Büsche und Bäume.*

Gegenüberliegende Seite unten rechts: *Das Licht, das durch die Blätter der Ingwerpflanzen fällt, wirft reizvolle Schatten auf den künstlich angelegten kleinen Wasserfall.*

Links: *Die Reservoirs der Bewässerungsanlage sind gleichermaßen zweckmäßig und dekorativ.*

***Links:** Auf dem Pfosten des Tores, das in einen der typisch karibischen Gärten auf Saint-Barthélemy führt, stehen zwei Kakteen in roten Töpfen mit weißen Punkten. Über dem zierlichen schmiedeeisernen Tor rankt eine blühende Bougainvillea.*

ARCHITEKTONISCHES NOTIZBUCH

Bislang wurden die Häuser in diesem Buch in ihrer natürlichen Umgebung gezeigt. Im folgenden Teil sollen nun anhand architektonischer Skizzen einige typische Charakteristika des Baustils der einzelnen Inseln herausgearbeitet werden. Einige der Zeichnungen sind dem Buch „Kaz Antiyé: Jan Moun Ka Rété“ (Das volkstümliche karibische Haus) von Jack Berthelot und Martine Gaumé entnommen, das 1982 im Verlag Editions Perspectives Créoles erschienen ist.

VOLKSTÜMLICHE HÄUSER

Das volkstümliche karibische Haus wird normalerweise von einer großen Familie bewohnt, auch wenn die kleinsten Gebäude dieser Art, beispielsweise die ehemaligen Sklavenhütten auf den Plantagen, lediglich aus einem einzigen Raum bestehen. Das ist möglich, weil sich ein beträchtlicher Teil des Lebens auf den Antillen im Freien abspielt. Im Normalfall besteht solch ein Haus aus zwei oder drei Zimmern, wobei Küche und Bad in abgetrennten Anbauten untergebracht sind. Heutzutage trifft man jedoch auch auf viele Häuser im traditionellen Stil, die eine größere Zahl von Räumen aufweisen.

Die äußere Form des Hauses, die Aufteilung der Fassade und die verwendeten Baumaterialien variieren von Insel zu Insel beträchtlich. Auf den Inseln, wo man vorzugsweise leicht transportable Häuser baute, haben diese keine Fundamente. Auf einigen Inseln können die Fundamente auch aus Pfählen bestehen, die aus dem Boden des Hauses herausragen und bis zu achtzig Zentimeter tief in die Erde versenkt sind.

Symmetrische Fassaden, bei denen der Haupteingang genau in der Mitte liegt, sind typisch für die Häuser auf den von England kolonialisierten Inseln, während auf den anderen Inseln meist mehrere Türen und Fenster in gleichmäßigen Abständen die Fassaden gliedern.

Holz ist das verbreitetste Baumaterial, doch auf vielen Inseln ist das einfache Rahmenwerk aus Holz von Mauerwerk überlegt. Früher wurden für die Dächer häufig aus Pflanzenteilen hergestellte Materialien benutzt. Ziegelsteine waren früher wenig gebräuchlich, haben aber in den letzten Jahrzehnten an Beliebtheit gewonnen.

SAINT-BARTHÉLEMY

Diese von französischen und schwedischen Seeleuten und Bauern kolonisierte Insel ist die einzige, auf der alle volkstümlichen Häuser ein Satteldach haben. Das typische volkstümliche Haus besitzt drei Zimmer und ruht auf einem Steinfundament. Auf die Konstruktion des Grundskeletts und die Holzarbeit wird besonders große Sorgfalt verwendet.

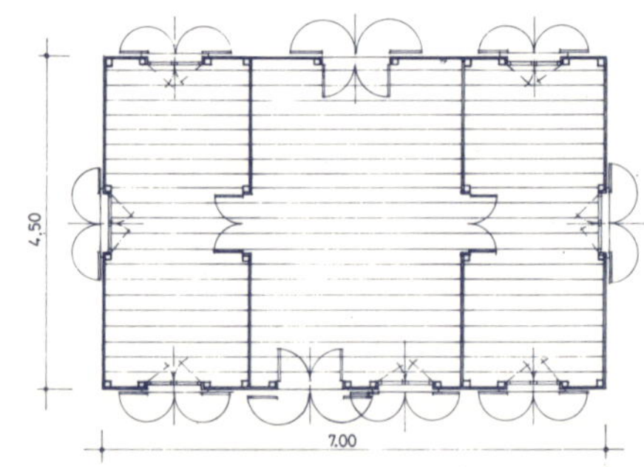

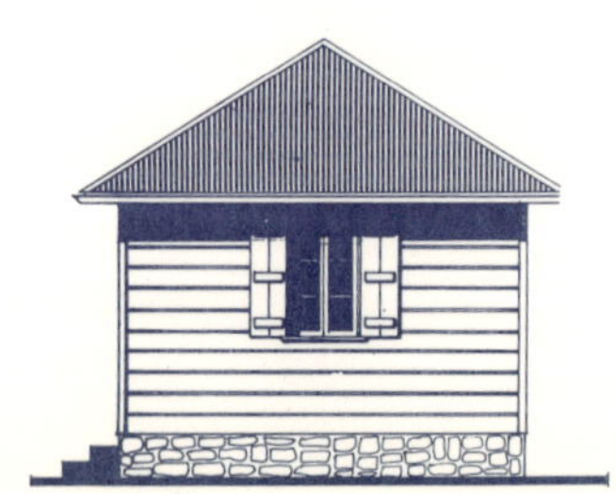

HAITI

Die typische Bauweise auf Hispaniola, insbesondere in Haiti, ist schlichter, und meist werden auch einfachere Materialien als auf den anderen Inseln verwendet. Die Dächer sind in der Regel aus Stroh, Türen und Fenster werden durch Läden geschützt, die nachts geschlossen werden können. Das einfachste volkstümliche Haus besteht lediglich aus einem einzigen Raum, an den sich an der Vorderseite manchmal eine offene Galerie anschließt. Im Dachgeschoß kann die Ernte gespeichert werden.

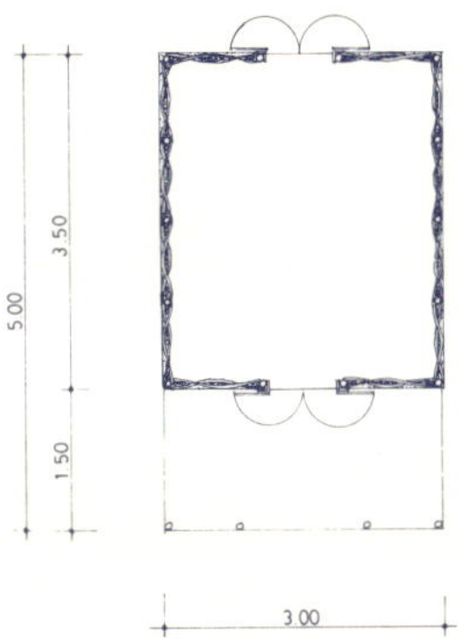

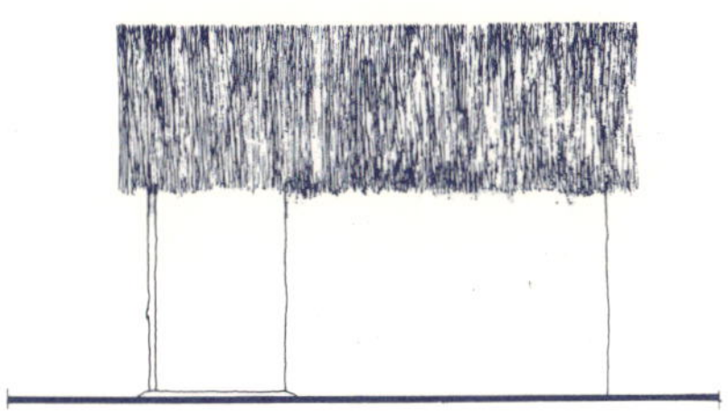

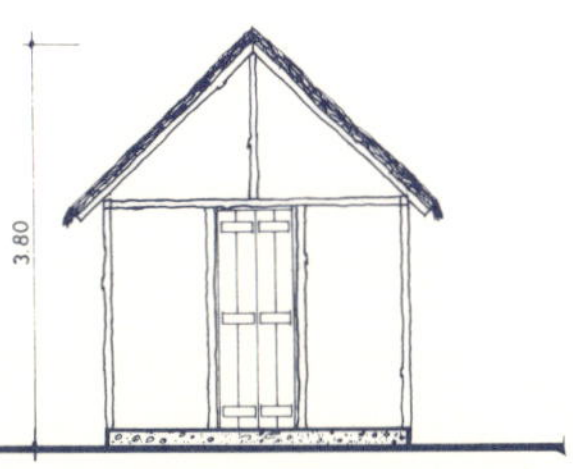

PUERTO RICO

Das volkstümliche Haus auf Puerto Rico besteht oft aus mehreren, jeweils etwa drei mal drei Meter großen, quadratischen Modulen mit Öffnungen für Türen und Fenster. Mit seinem Holzboden, der auf Pfählen ruht, gleicht es einem Kasten, der über dem Boden schwebt.

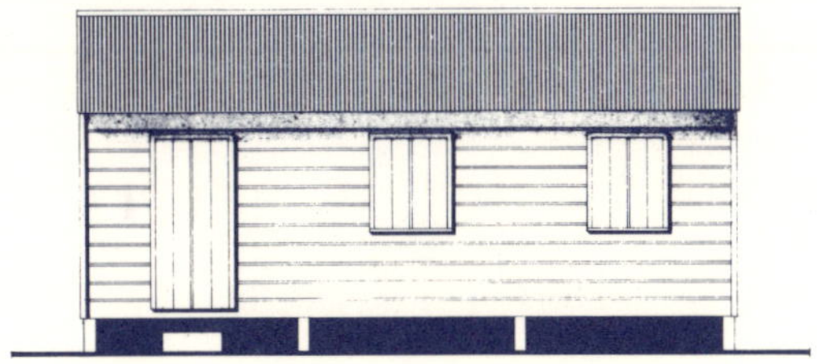

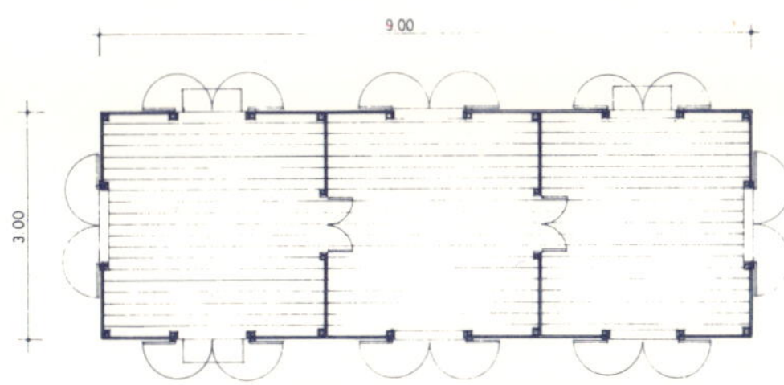

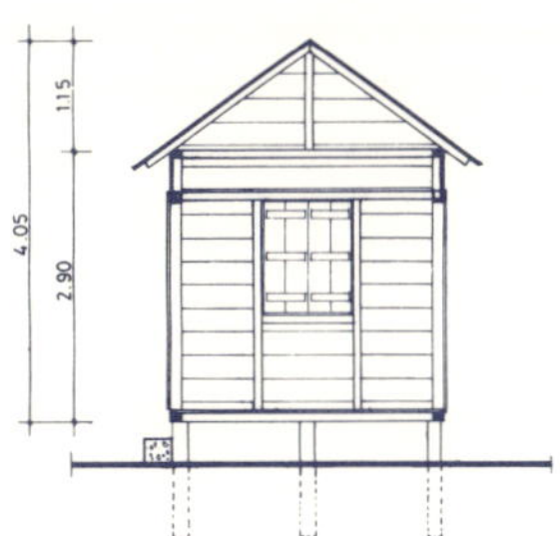

TRINIDAD

Die Häuser auf Trinidad bestehen meist aus drei Räumen sowie einer Galerie und einem Türvorbau. Zu den Verzierungen, in denen sich der Einfluß der auf dieser Insel lebenden Inder (etwa 144 000) widerspiegelt, gehören Gitterkonstruktionen, die für Durchlüftung sorgen.

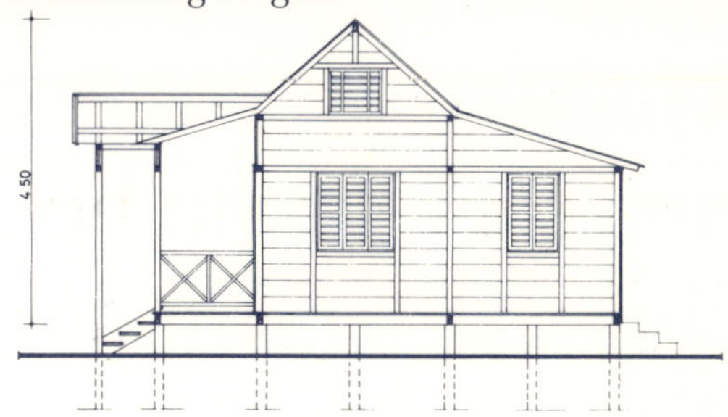

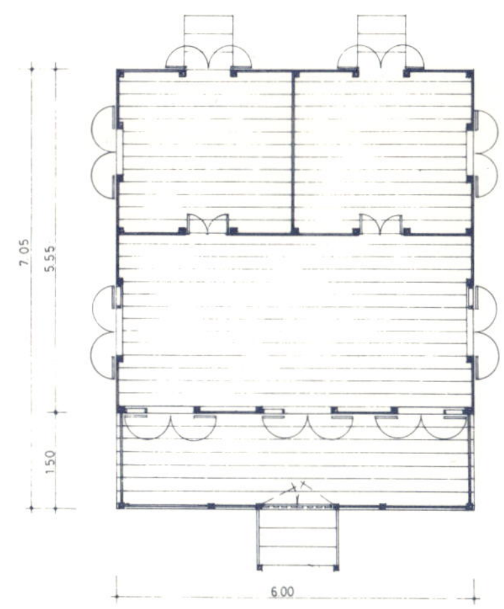

DOMINICA

Auf dieser regnerischen kleinen Insel haben die Häuser keine Galerien, dafür aber zum Schutz der Fassaden tief herabgezogene Dächer. Diese Überhänge sind oft phantasievoll verziert.

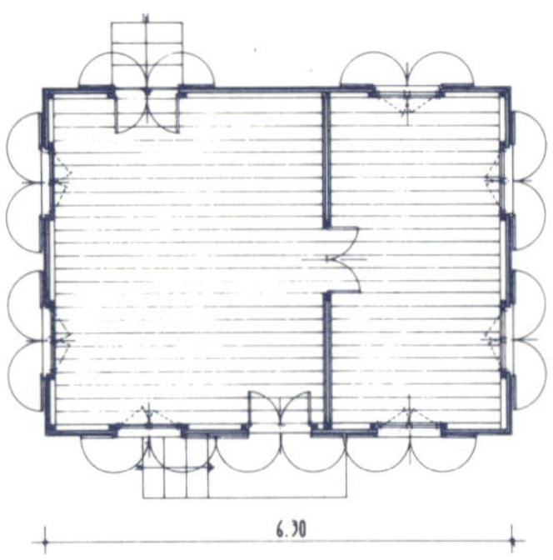

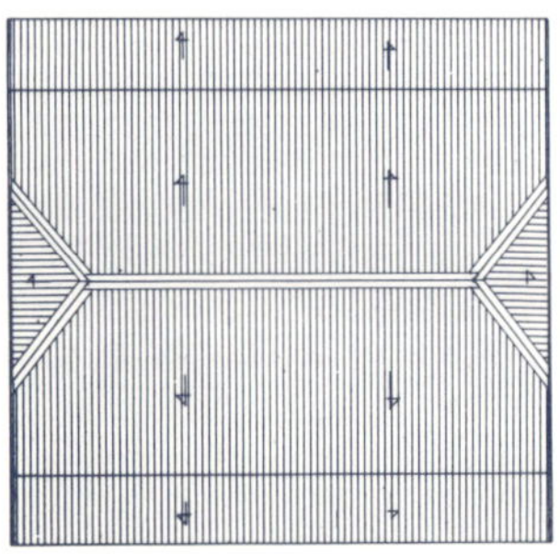

BARBADOS

Auch auf Barbados haben die transportablen Häuser kein Fundament, sondern sie ruhen auf einem Bett aus Steinen, das Schutz gegen die Bodennässe gewährt. Für gewöhnlich besteht das Haus nur aus einem Raum, und die symmetrischen Fassaden zeichnen sich durch eine zentral angelegte Tür aus, die von zwei Fenstern flankiert wird.

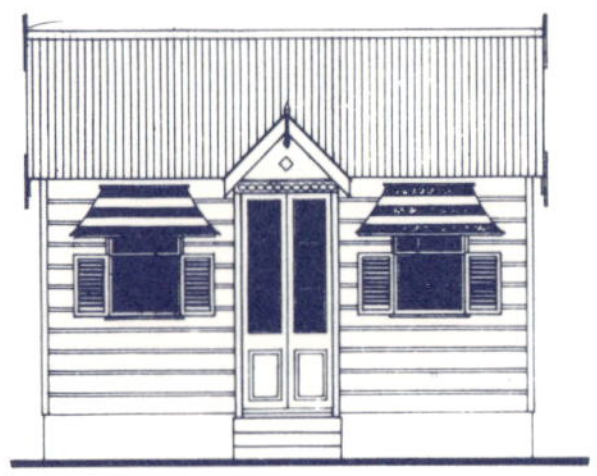

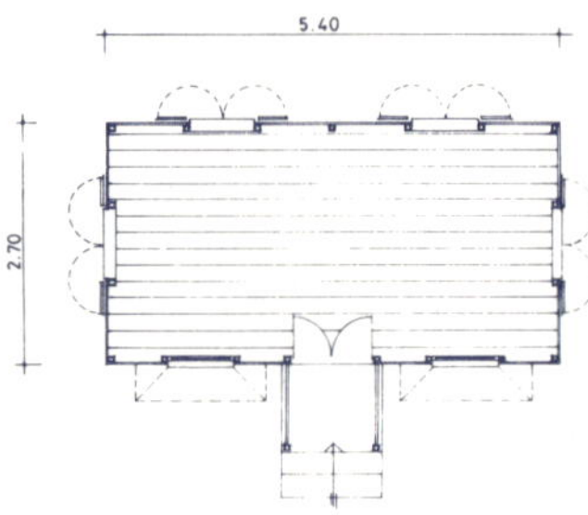

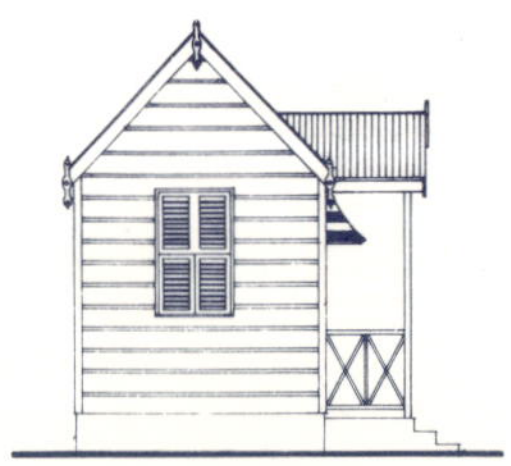

SAINT VINCENT

Auf der Vorderseite des volkstümlichen Hauses auf dieser Insel finden sich zwei quadratische, drei mal drei Meter große Räume. Die beiden Räume auf der Rückseite des Hauses sind schmaler und können gegebenenfalls auch unterschiedlich groß ausfallen. Gitterwerk an den Wänden ermöglicht eine gute Luftzirkulation.

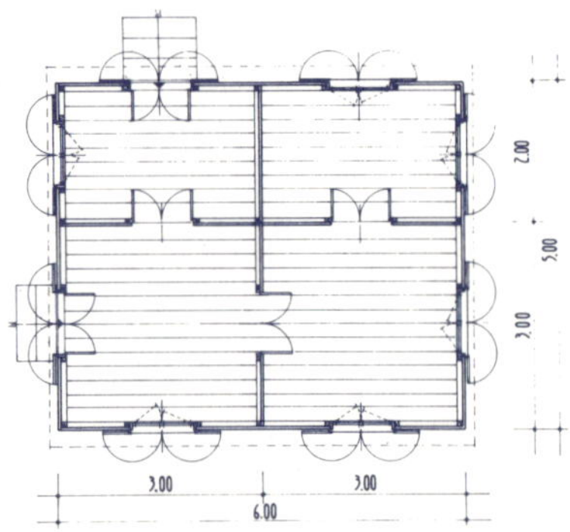

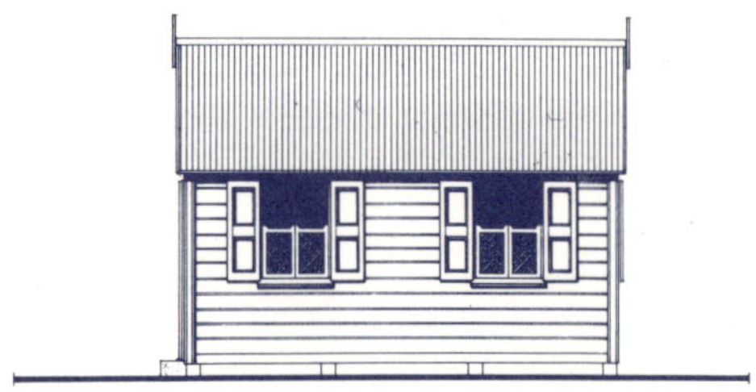

ST. LUCIA

Auf St. Lucia ruht das volkstümliche Haus meist nicht auf einem Fundament, sondern auf pfahlartigen Stützen. Es ist sehr klein und besteht nur aus zwei Räumen. Die Fassade ist nicht symmetrisch gestaltet, die Tür liegt nicht in der Mitte.

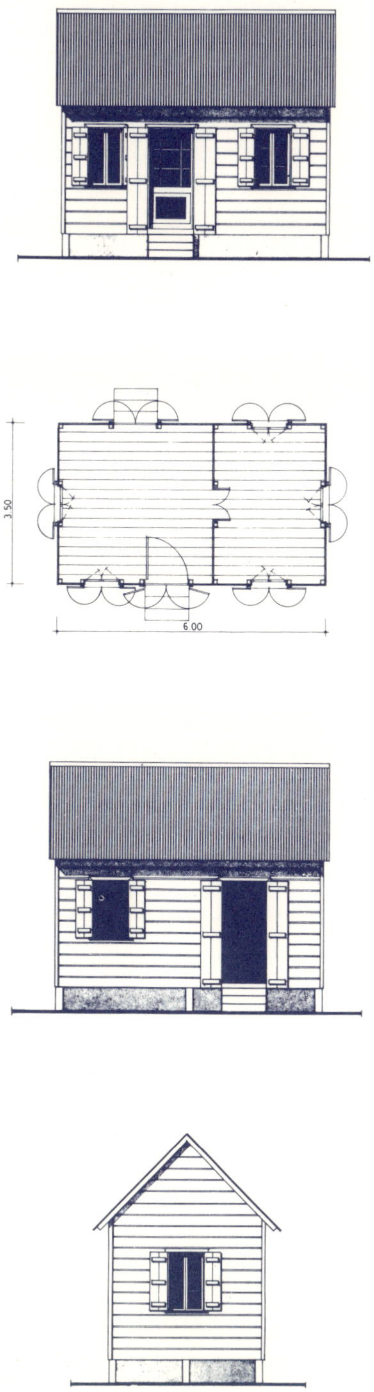

GRENADA

Die Häuser auf Grenada sind zwar überwiegend einfach konstruiert, können aber durchaus mehrere Zimmer haben. Die beiden Fenster, die die Eingangstür flankieren, ähneln der Bauweise auf Barbados. Als Fundament dienen Betonpfähle.

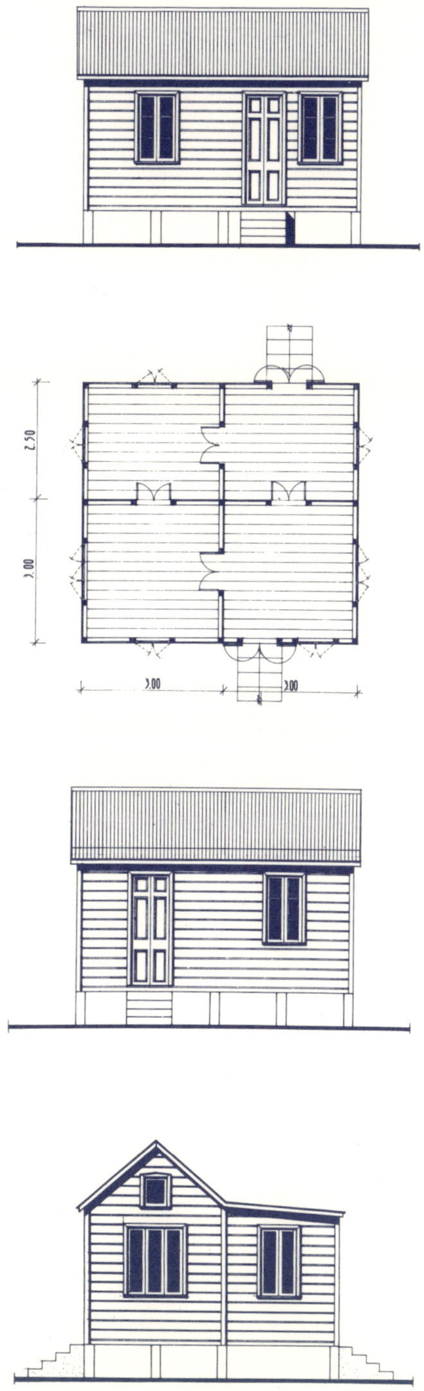

ANTIGUA

Auf dieser Insel führen normalerweise die beiden Zimmer auf der Vorderseite des Hauses auf eine Galerie hinaus. Sie haben ein Walmdach, wohingegen die beiden Räume im hinteren Teil ein separates Satteldach aufweisen. Der Eingang am Ende der Galerie ist durch Gitterwerk geschützt.

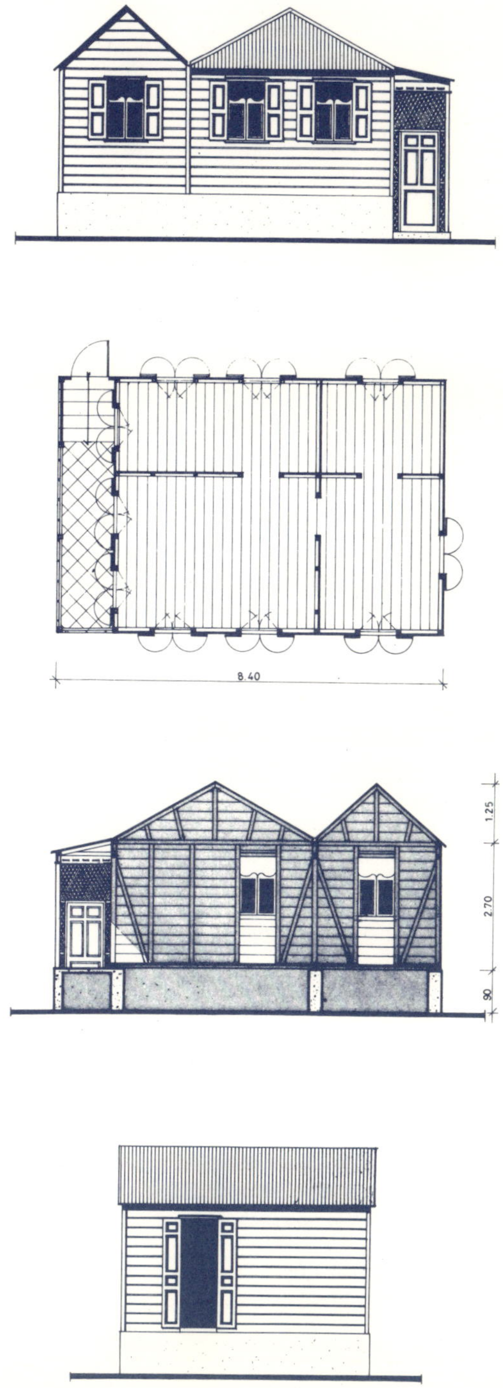

MONTSERRAT

Häuser mit drei Zimmern und einer Eckgalerie sind auf anderen Inseln relativ selten zu finden. Ungewöhnlich ist auch, daß die Küche, die man durch die Seitentür der Galerie betritt, nicht vom Hauptgebäude abgetrennt ist.

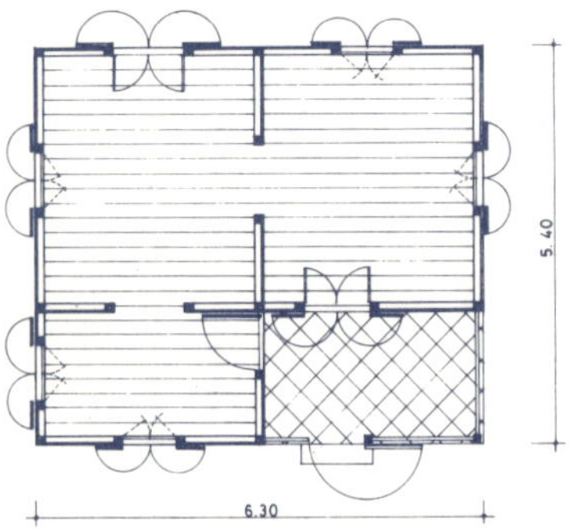

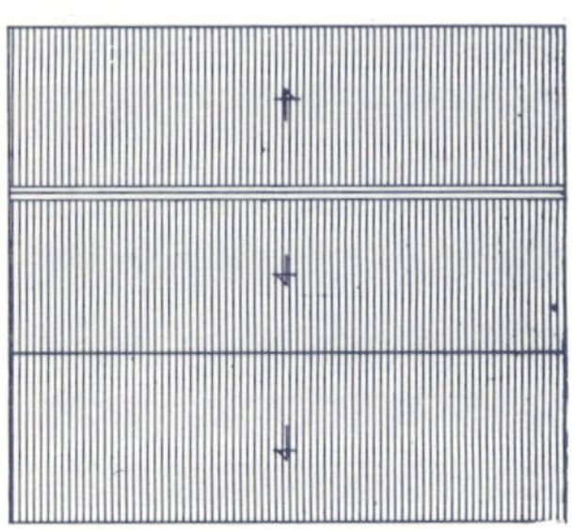

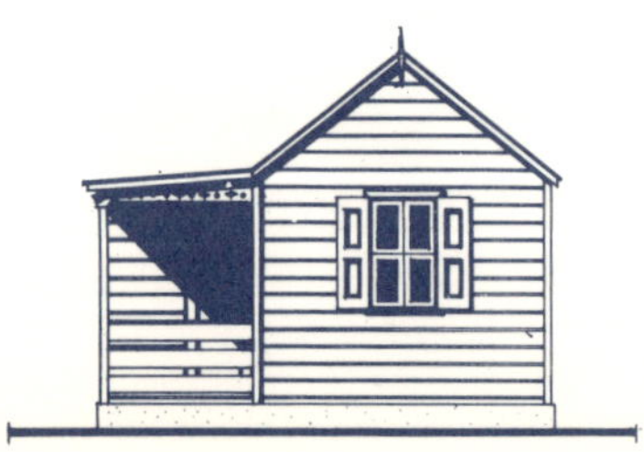

NEVIS

Auf Nevis sind die Außenwände der Fassaden mit Holzbrettern verschalt. Ein zweiter Teil des Hauses ist vom ersten abgetrennt, so daß man den Eindruck hat, die volkstümlichen Häuser auf dieser Insel wären zwei miteinander verbundene eigenständige Gebäude.

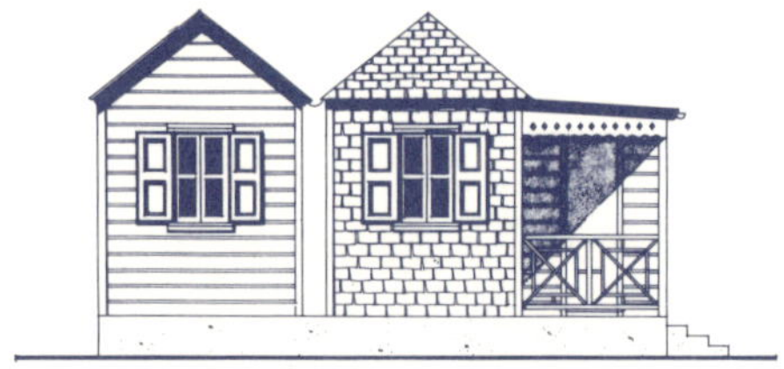

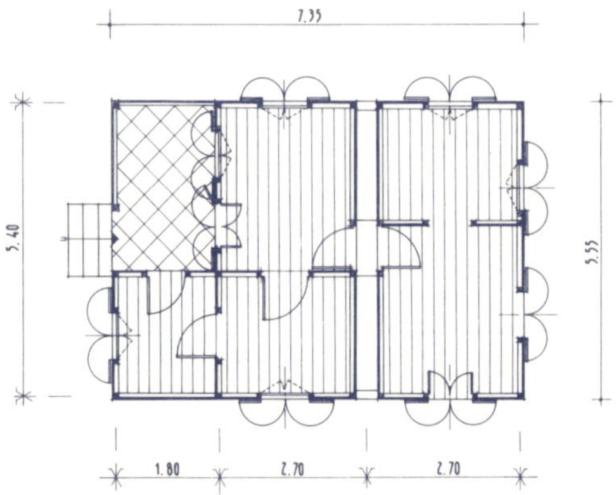

PLANTAGENHÄUSER

Die Plantagenhäuser, Monumente des ehemals blühenden Zuckerhandels, liegen gemeinhin im Zentrum eines Landgutes und fast immer auf erhöhtem Terrain, was es erlaubte, die Winde zu nutzen. Plantagenhäuser sind größer und imposanter als die volkstümlichen karibischen Bauten, doch das Innere der Gebäude – meist gibt es nur eine Wohnebene – ist verhältnismäßig schlicht. Küche und Bad befinden sich in separaten Anbauten.

Auf den von Frankreich kolonialisierten Inseln haben die Plantagenhäuser ihr ursprüngliches Aussehen über Jahrzehnte und Jahrhunderte hin bewahrt, während die Plantagenhäuser auf den vormals englischen Inseln immer wieder erweitert wurden. Die meisten Gebäude sind aus Holz, die Dächer mit Ziegeln gedeckt.

LE GAOULÉ, MARTINIQUE

Obwohl das große Gebäude, das um 1740, also während der ersten Kolonialisierungsphase, erbaut wurde, eher rustikal ist, wirkt es doch elegant. Ein Teil dieser Wirkung ist auf das sanft abfallende Dach zurückzuführen, das den Speicher und die oberen Räume des zweigeschossigen Gebäudes vor der Hitze schützt. Die Veranda, die man nur von der Rückseite des Hauses sieht, führt in den Gemüsegarten. Die Wände bestehen auf zwei Seiten aus Steinen, die mit Zement zusammengehalten werden. (Siehe S. 152–153.)

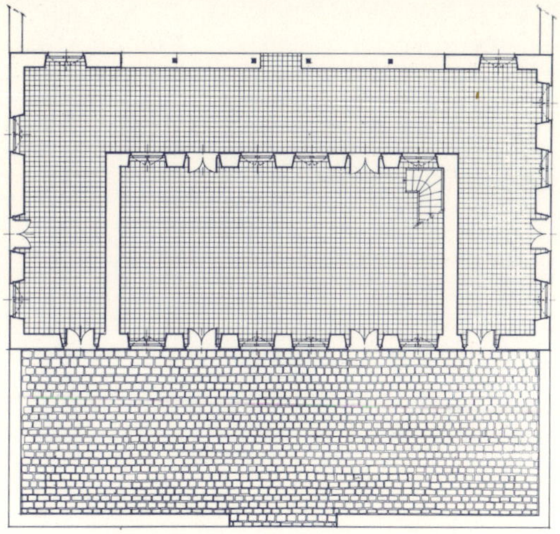

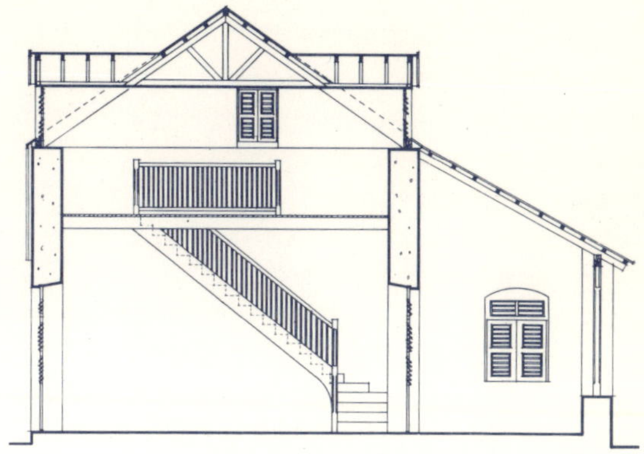

LE MAUD'HUY, GUADELOUPE

Das zwischen 1873 und 1874 erbaute Haus hat vier nahezu identische Außenseiten. Im Erdgeschoß führen zahlreiche Türen nach draußen, und der Speicher wurde erweitert, so daß eine zusätzliche Wohnfläche entstand. Das sanft abfallende Dach verleiht dem Bau einen Hauch von Eleganz. Die Fassade wird durch die in rhythmischen Abständen angebrachten Türen und die Säulen der Galerie aufgelockert, die Eingangstür befindet sich genau in der Mitte. (Siehe S. 132–138.)

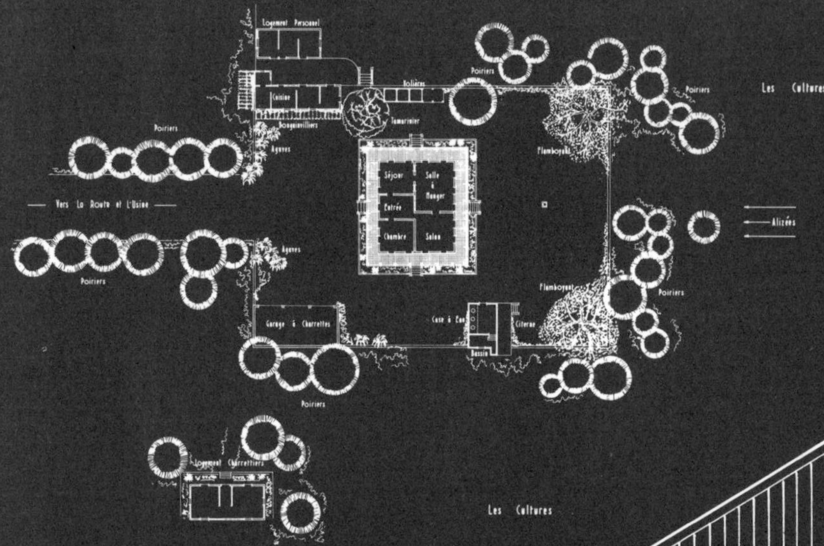

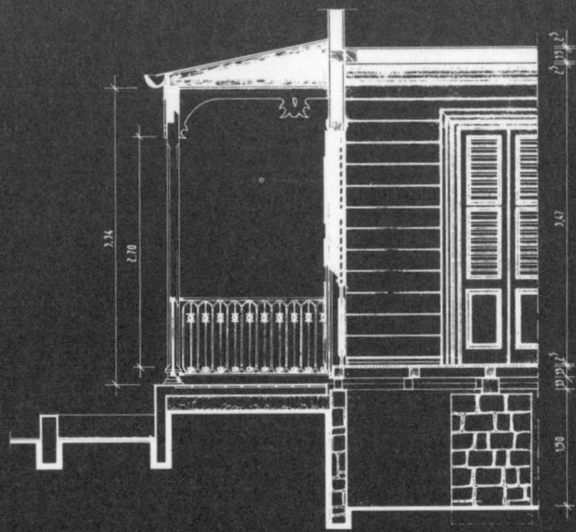

L'ERMITAGE, NEVIS

Dieses Haus, das ursprünglich nur aus einem heute als Wohnzimmer genutzten Raum und einer Küche bestand, die inzwischen zu einem Schlafzimmer umgebaut ist, wurde im Laufe der Jahre immer wieder erweitert. Durch die Anbauten wirkt der Gesamtkomplex heute wie eine schöne Kombination von kleinen Gebäuden. (Siehe S. 98–103)

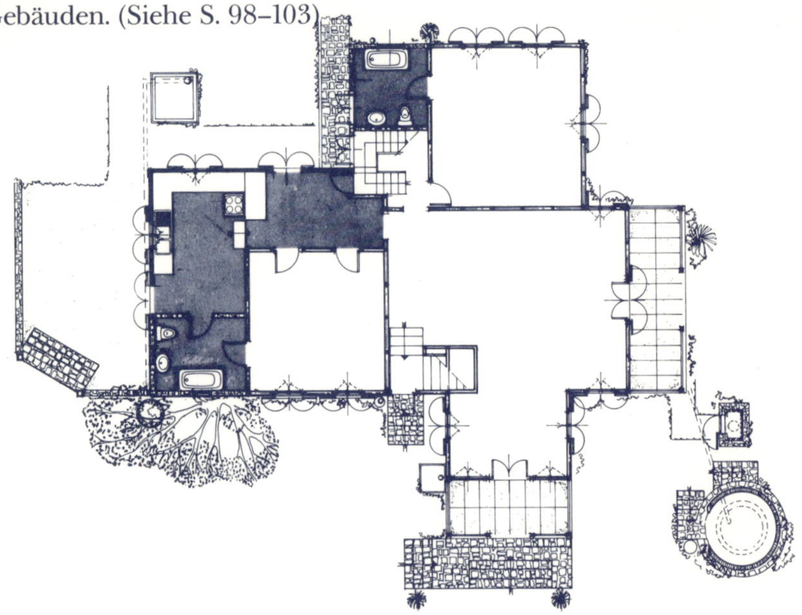

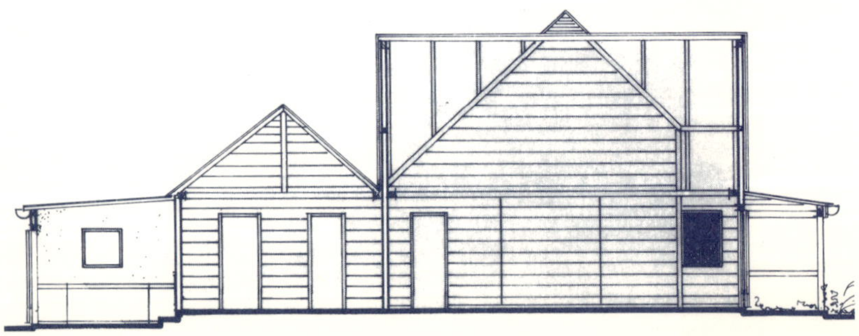

MAISON FOURNIER, GUADELOUPE

Als Zugeständnis an die relativ engen räumlichen Verhältnisse in den Städten ist dieses Haus ungewöhnlich hoch. Für gewöhnlich findet man bei Stadthäusern mehr Fenster als bei Gebäuden auf dem Land, da sie in den oft stickigen Städten verstärkt für Durchlüftung sorgen müssen. Die Wände des Maison Fournier sind aus Holz, das Dach ist mit Ziegeln gedeckt. (Siehe S. 200–203.)

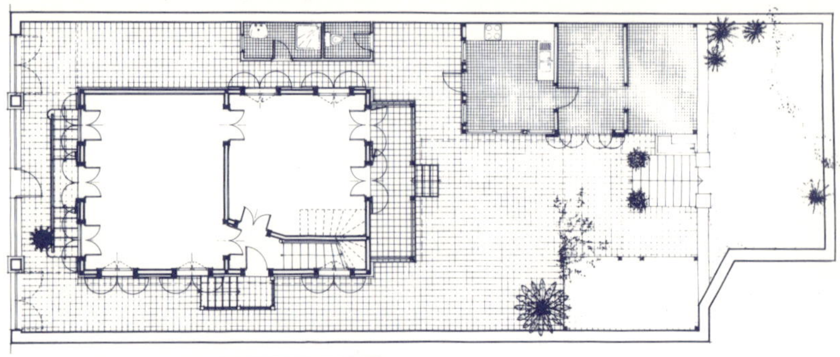

REGISTER

L

M

N

O

P

R

S

T

V

W

Z